AF317775

LE COUVENT

DES

CAPUCINS DE MAYENNE

PAR

A. GROSSE-DUPERON

Vice-Président de la Commission historique et archéologique de la Mayenne,
Membre titulaire de la Société historique et archéologique du Maine

---

ÉTUDE HISTORIQUE

MAYENNE

IMPRIMERIE POIRIER FRÈRES

M.D.CCCC.III

OUVRAGES DE L'AUTEUR

LA TRIBALLE, étude philologique et humoristique sur la foire de la Madeleine de Mayenne, par GROSSE-DUPERON (Extrait du Bulletin historique et archéologique de la Mayenne, 1889). — Laval, LÉON MOREAU. In-8 de 16 pages.

LE CARTULAIRE DE L'ABBAYE DE FONTAINE-DANIEL, texte latin et traduction, par A. GROSSE-DUPERON, et E. GOUVRION. — Mayenne, POIRIER-BEALU, 1896, grand in-8, 430 pages.

L'ABBAYE DE FONTAINE-DANIEL, étude historique, par LES MÊMES AUTEURS. (Ouvrage orné de quatre dessins). — Mayenne, POIRIER-BEALU, 1896, grand in-8, 460 pages.

MAYENNE, album de 12 photogravures de la Ville de Mayenne, avec notes, par A. GROSSE-DUPERON. — Mayenne, POIRIER-BEALU, 1899.

SOUVENIRS DU VIEUX-MAYENNE (Les sieurs de Beauchesne et les Calvairiennes de Mayenne), par A. GROSSE-DUPERON. — (Ouvrage orné de cinq dessins et de deux planches d'autographes). — Mayenne, POIRIER-BEALU, 1900, grand in-8, 470 pages.

LA BASILIQUE DE NOTRE-DAME DE MAYENNE, par A. GROSSE-DUPERON. — Mayenne, POIRIER-BEALU, 1900. Plaquette de 33 pages illustrée des armoiries et du sceau de la Basilique.

LE PRÉAU (aujourd'hui jardin public) DU CHATEAU DE MAYENNE, par A. GROSSE-DUPERON. Ouvrage illustré de deux photogravures et d'un plan de l'ancien Château. — Mayenne. POIRIER-BEALU, 1901, grand in-8, 135 pages.

UNE EXCURSION A LA CHAPELLE DE LA VALLÉE, près de Mayenne, par A. GROSSE-DUPERON. — Mayenne, POIRIER-BEALU, 1901. Plaquette de 40 pages, illustrée de deux planches hors texte en phototypie.

DEUX EXCURSIONS AU PAYS DE SAULGES (Souvenirs d'un touriste) par A. GROSSE-DUPERON. Ouvrage illustré de 5 gravures hors texte en phototypie et d'un plan en deux couleurs. — Mayenne, POIRIER-BEALU, 1901.

L'ANCIEN HOTEL-DIEU DE MAYENNE (dit du Saint-Esprit), par A. GROSSE-DUPERON. Ouvrage illustré de deux photogravures et d'un plan. Mayenne, POIRIER FRÈRES, 1902, grand in-8, 180 pages.

NOMS DES CHEFS DE MAISON DES PAROISSES DE MAYENNE A LA VEILLE DE LA RÉVOLUTION (1787-1788). Ouvrage accompagné d'un plan de la ville, levé en 1811-1812. — Mayenne, POIRIER FRÈRES, 1903, grand in-8, 43 pages.

LES USAGERS DE LA FORÊT DE MAYENNE. Documents divers, publiés par A. GROSSE-DUPERON. Mayenne, BOULY, 1903.

LE COUVENT

DES

CAPUCINS DE MAYENNE

SAINT-FRANÇOIS D'ASSISE

LE COUVENT

DES

CAPUCINS DE MAYENNE

PAR

A. GROSSE-DUPERON

Vice-Président de la Commission historique et archéologique de la Mayenne,
Membre titulaire de la Société historique et archéologique du Maine

ÉTUDE HISTORIQUE

MAYENNE

IMPRIMERIE POIRIER FRÈRES

M.DCCCC.III

PORTRAITS ET PLANS

—

Nous encartons dans cet ouvrage :

Au titre, le portrait de saint François d'Assise.

A la page 112, le portrait de saint Félix de Cantalice.

Le plan de la partie nord-ouest de la ville de Mayenne, placé à la première page, et celui des constructions du Couvent des capucins, annexé à la page 145, ont été dressés par M. Poisson, architecte-voyer, à qui nous adressons nos vifs remerciements.

Nous ne saurions trop remercier les PP. Capucins de
Paris et spécialement les RR. PP. Eugène et Ladislas de
l'aimable empressement et de la cordiale confiance avec
lesquels ils ont mis à notre disposition, en 1898, tous les
documents de leurs archives.

Nous exprimons aussi toute notre gratitude au R. P.
Lazare, gardien des capucins de Nantes, à qui nous
devons bon nombre de renseignements, et à M. l'abbé
Angot qui nous a communiqué une copie des Annales
des capucins de Mayenne.

Pour écrire la présente étude, nous nous sommes prin-
cipalement servi de ces annales, de quelques pièces
abandonnées par les religieux au couvent de notre ville,
quand ils en furent expulsés à la Révolution, et d'un
manuscrit rédigé, en 1662, par le P. Balthazar de Bel-
lème [1].

Lorsque les religieuses de la Visitation vinrent, en 1818,
habiter l'ancien couvent, elles y trouvèrent le cahier
des Annales et le remirent plus tard aux capucins du
Mans, qui, après l'avoir conservé pendant quelques
années, l'envoyèrent à leur monastère de Paris.

Quant aux pièces de même origine, elles demeurèrent
à la Visitation.

Le manuscrit du P. Balthazar, dont l'original est
déposé à la Bibliothèque de la ville de Rennes, contient les noms des mille premiers religieux de la
province capucine de Bretagne, des détails intéressants
sur quelques-uns d'entr'eux et sur l'histoire de l'époque.
On y lit surtout quantité de prières, d'exhortations, des
fragments de sermons, des conseils, des poésies diverses.
L'auteur n'était pas poëte et sa versification est toujours
fort pauvre. Il ne visait, du reste, qu'à convertir les

(1) Le P. Balthazar, né à Beaumont-le-Vicomte le 14 novembre 1603, prit
l'habit le 9 janvier 1627.

pécheurs, à sanctifier les âmes, et, dans ses écrits, son zèle éclate constamment avec une impétuosité et une ardeur sans pareille. Il dédaignait l'euphémisme, comme les capucins de son temps, et disait à chacun son fait avec la hardiesse d'un soldat, d'un vrai soldat du Christ, disciple de Saint-François, simple et franc.

Les heureux de ce monde étaient souvent maltraités par lui :

> Le mauvais riche avec sa bonne chère
> Ne fait qu'un saut jusqu'au fond des enfers,
> Un pauvre gueux, par un sort tout divers,
> Après sa mort, monte droit à la gloire.

Le P. Balthazar a agrémenté son manuscrit d'enluminures symboliques et mystiques, que nous ne pouvons reproduire. L'une d'elles représente une montagne, flanquée de tours, au-dessus de laquelle plane le ciel. Cette montagne est divisée, de sa base à son sommet, en dix sections ou étapes qu'un religieux doit gravir pour atteindre le bonheur éternel.

1re étape « Connaissance de soi et de son néant ».

2e étape « Connaissance de Dieu et de ses bénéfices ».

3e étape « Profonde humilité et mépris de soi-même ».

4e étape « Solitude, silence et fuite exacte du monde ».

5e étape « Lecture de la bible ; fuite des livres curieux ».

6e étape « Pureté angélique et aversion des femmes parées ».

7e étape « Bon cœur au chœur et à l'oraison continue ».

8e étape « Bon exemple en tout lieu et à tous ».

9e étape « Charité parfaite de Dieu et du prochain ».

10e étape « Union avec Dieu ».

Nous aurons l'occasion de donner, au cours de cette étude, de nombreux passages du manuscrit qui en feront mieux connaître le vaillant et pieux auteur.

A. G.-D.

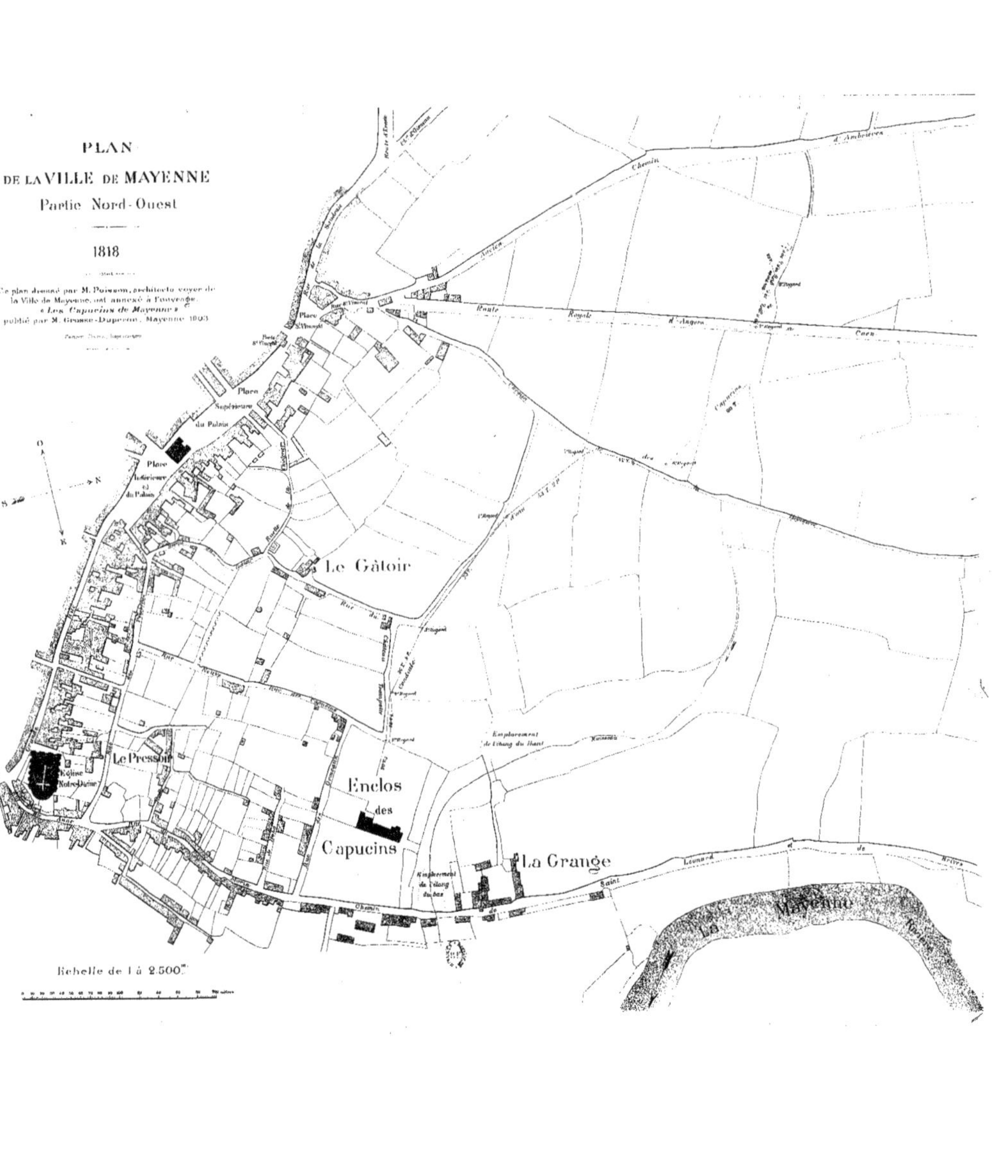
PLAN
DE LA VILLE DE MAYENNE
Partie Nord-Ouest
1818
Ce plan dressé par M. Poisson, architecte voyer de
la Ville de Mayenne, est annexé à l'ouvrage
« Les Capucins de Mayenne »
publié par M. Grosse-Duperon, Mayenne 1903
Place
Supérieure
du Palais
Place
Inférieure
du Palais
Le Gâtoir
Le Pressoir
Église
Notre-Dame
Enclos
des
Capucins
La Grange
Emplacement
de l'étang du Haut
Emplacement
de l'étang
du bas
La Mayenne
Route Royale
Chemin
Échelle de 1 à 2.500

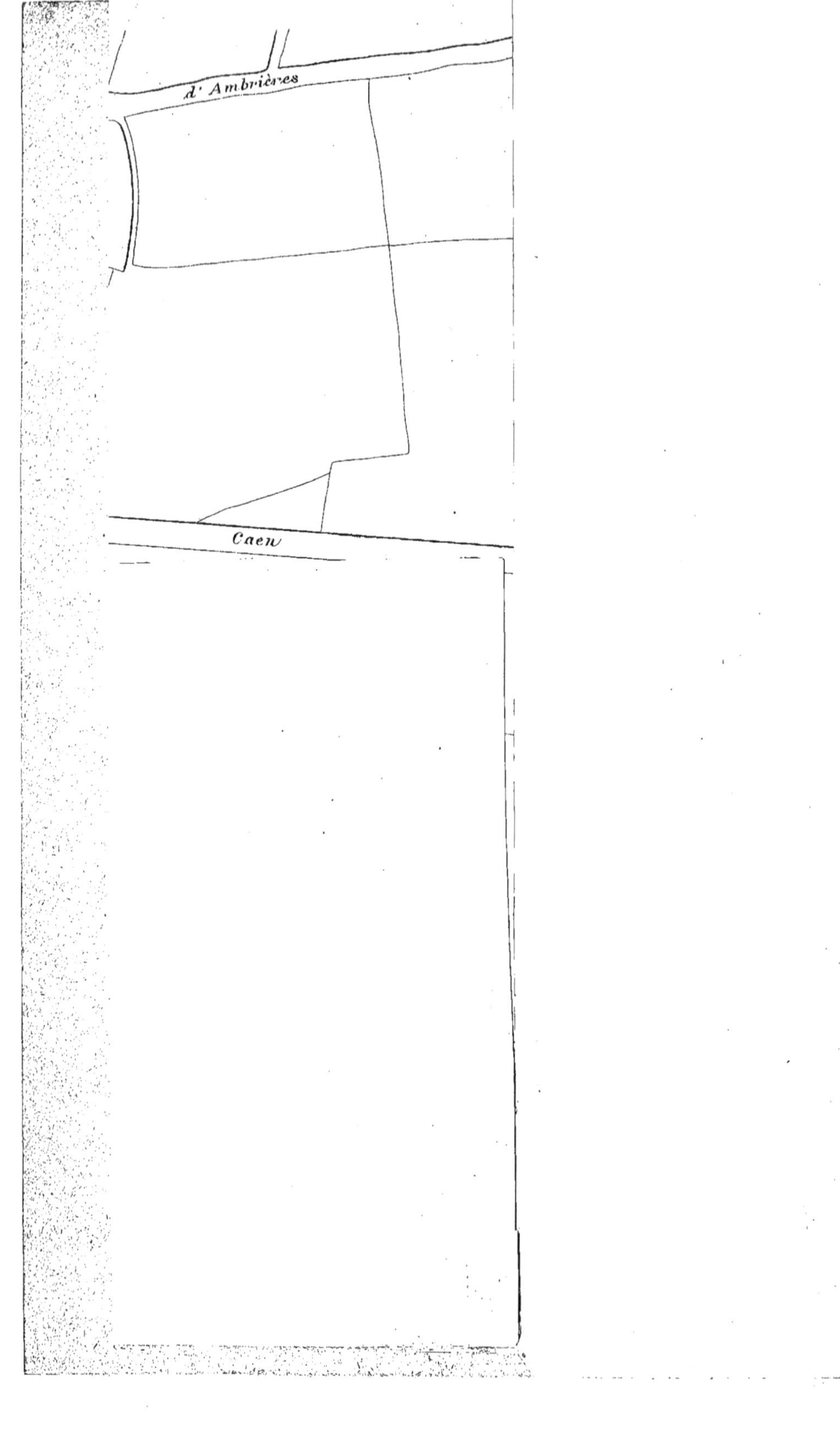

d'Ambrières
Caen

LE COUVENT

CAPUCINS DE MAYENNE

CHAPITRE I

—

L'ORDRE DES CAPUCINS. — FONDATION DU COUVENT DE
MAYENNE A LA DEMANDE DES HABITANTS. LES PRE-
MIÈRES CONSTRUCTIONS. — BÉNÉDICTION DE L'ÉGLISE
DU MONASTÈRE.

Comme l'avait prédit saint François d'Assise, la division ne tarda pas à se mettre parmi ses fils qui, en effet,
dans le cours des siècles, se sont séparés et ont fondé
divers groupes distincts de frères mineurs dont il est
inutile de rappeler ici les noms. Tous eurent le but loua-
ble de se conformer aux enseignements de leur fonda-
teur, mais ne purent s'accorder sur leur application.

Le jurisconsulte René Chopin écrivait au commencement du xviie siècle, à propos de la branche des capucins, la page suivante : « Cette rencontre et variété de
« tant d'ordres de saint François a suscité la nouvelle
« religion des capucins, tout embrasée d'une vraie
« piété et dévotion, lesquels, comme faisant remonter
« les petits ruisseaux à leur première source, pour

« mieux terrasser les abus et corruption de notre siècle,
« se seraient mis devant les yeux le vrai tableau de la
« pure et parfaite règle de ce très-humble saint Fran-
« çois. Celui qui fit le premier éclore cette dévote com-
« pagnie fut frère Mathieu de Bas (Mathieu Baschi)
« frater Mathœus a Basso, du nom de cette ville célèbre
« des Umbres, en Italie, près de la rivière de Marida,
« cette province étant appelée pour le présent le duché de
« Spolète. Il prit l'habit de saint François, de couleur de
« cendre, en l'abbaye de la montagne de Florence ou au
« mont Feltrin, audit pays des Umbres, de l'autorité du
« pape Clément VII, qui approuva et l'habit et l'ordre
« de cette nouvelle religion, par ses bulles du 28 mai
« l'an 1526 [1], ce qui donna beaucoup de contentement
« aux gens de bien, qui témoignèrent par ce distique la
« réjouissance qu'ils en reçurent en leurs âmes :

« Ecce capucini Mathœus nominis auctor,
« Seraphici lumen suscitans ipse foci.

« (Voici Mathieu, l'auteur du nom des capucins, régé-
« nérateur de la flamme du foyer séraphique.)
« Ainsi peut-on remarquer, presque en tous les ordres
« que Dieu a suscités, la piété et la dévotion de nouveaux
« frères et religieux, faisant revivre les premiers plants
« de la vie monastique et remettant en vigueur la pre-
« mière discipline des anciens pères qui semblait être
« toute abâtardie et relâchée. »

Les frères du nouvel ordre, vêtus de bure, marchant
pieds nus, n'ayant pour coiffure qu'un capuchon pointu,
qui les fit appeler « capucins », ne vivant que de charité,
acquirent en Italie une popularité qui ne tarda pas à
franchir les Alpes. Ils prêchaient la pénitence et l'humilité, et leur vie en était un fidèle exemple. Les plus

(1) Le pape consacra cette réforme par bulle du 13 juillet 1528.

indigents sentaient qu'ils avaient en eux des amis qui les comprenaient, qui compatissaient sincèrement à leurs misères puisque ces nouveaux religieux connaissaient eux-mêmes les souffrances de la pauvreté.

Paul III avait expressément défendu aux capucins de sortir de la péninsule, mais le cardinal de Lorraine, émerveillé du savoir et de la vertu de ceux qui s'étaient trouvés en même temps que lui au concile de Trente, obtint qu'on lui accordât deux religieux qu'il établit, en 1573, à Meudon où il fit bâtir un couvent. Il se constitua leur protecteur, et à la demande de Catherine de Médicis et de Charles IX, le page Grégoire XIII autorisa quelques pères à se rendre à Paris. Deux ans après, une bulle, du 3 juin 1775, vint lever d'une manière générale l'interdiction qui empêchait l'ordre nouveau de s'étendre hors de l'Italie.

La simplicité, la piété et la pureté de mœurs des religieux venus en France, pour la plupart hommes de grand mérite, y excitèrent une sympathie universelle qui leur permit de fonder en peu d'années, surtout dans le midi, un grand nombre de maisons. Il n'y eut guère de ville de quelque importance qui n'en possédât.

Le royaume fut divisé par eux en provinces et le Maine fit d'abord partie de celle de Paris.

Mayenne posséda son couvent de capucins dès le commencement du xviie siècle « pour l'honneur de Dieu, « augmentation du service divin et de la religion catho- « lique, le salut et l'édification des habitants ».

La requête, que la ville adressa à cette fin aux capucins, fut examinée au chapître de 1606. Le père provincial délégua le P. Léonard de Paris, prédicateur « évangélique, custode de la custodie de Touraine et « gardien du couvent des frères capucins de Tours », pour se rendre à Mayenne afin d'étudier s'il était possible d'agréer la fondation proposée. Ce mandataire reçu avec distinction par les Mayennais se livra à de nombreuses investigations qui le satisfirent et le déterminèrent à accepter sans retard la donation que les habitants voulaient faire d'une pièce de terre près de la cité où l'on pourrait construire le couvent. Elle se nommait le Champ-du-Mariage ou Champ-de-la-Grange, contenait environ deux journaux et demi, se trouvait « près « le lieu et domaine de la Grange » et joignait dans son ensemble « d'un bout le grand chemin de la « ville à la chapelle de Monsieur saint Léonard, d'autre « bout une pièce de terre nommée le Champ-de-Dessus- « l'Etang, appartenant à René de Bazogers, d'un côté « l'Etang-du-Bas du lieu de la Grange (une portion de « terre entre), et d'autre côté une pièce nommée le « Champ-au-Doyen, appartenant à Mine [1] Bordier, veuve « de défunt Me Jean Viel, vivant sieur de la Mazure ».

Il y avait à cette époque deux étangs à la Grange : le premier, dit l'Etang-du-Bas, s'étendait de l'est à l'ouest et avait au levant sa chaussée sur laquelle on passait pour aller à Saint-Léonard. Cette pièce d'eau occupait le pré qui se trouve aujourd'hui au nord de l'enclos du couvent de la Visitation. Le second étang, appelé l'Etang-du-Haut, disposé dans le sens de la longueur, du sud au nord, était plus petit, et l'on en voit encore le lit dans le grand pré qui fait suite à celui dont on vient de parler. La chaussée de ce second étang sert actuellement de passage d'exploitation.

La donation du Champ-du-Mariage fut consentie par l'assemblée générale « des gens d'église, officiers, « bourgeois et principaux habitants », qui eut lieu, le 16 avril 1606, en l'église de Notre-Dame de Mayenne, à l'issue de la grand'messe. Gervais Roullas et Nicolas

---

(1) Mine, abréviation de Guillemine.

Leclerc, notaires royaux à Mayenne, en dressèrent acte immédiatement.

Les personnes marquantes, qui se trouvèrent à cette réunion, étaient nombreuses. Nous en donnons la liste :

Me Julien Aubert, curé de l'église de Notre-Dame de Mayenne.

Me Macé de l'Estang « par cy-devant curé du forbourg « Monsieur Saint-Martin du dict Mayenne ».

Me Françoys Gastin, curé de la paroisse « Monsieur Saint-Baudelle, lès ceste ville de Mayenne ».

Me Vincent Madré, curé de la paroisse de Grazay.

Me Françoys Yvard, curé de la paroisse « Monsieur Saint-Cyr ».

Me Robert Hervé, chapelain de la chapellenie de la Ménardière.

Me Simon Balesguier, prêtre.

Me René Labitte, juge général au duché de Mayenne.

Me René Pitard, sieur d'Orthe, lieutenant général et enquêteur au duché de Mayenne.

Me René de Cotteblanche « esleu particulier pour le « roy en l'Elèction de Mayenne ».

Me Françoys Lefaulcheux, assesseur.

Me Francoys Perrier, procureur général audit duché.

Me René de Bazogers, sieur de Grazay « grainetier pour « le roi au grenier et magasin à sel establys en ceste « ville de Mayenne ».

Me Charles Piette, sieur de la Varye, aussi graine-tier.

Me Patry Frican, contrôleur au dit grenier.

Me Michel Chevalier, procureur du roi.

Me Daniel Séneschal, sénéchal de Savigny.

Me Louis Gastin, « sénéschal de Fontaine-Daniel, « avocat audict duché ».

Me Pierre Petit, sieur de Saint-Jean.

Mᵉ Baptiste Blanchet, sieur de la Charterie [1].

Mᵉ Jacques Martin, sieur de la Roche.

Mᵉ Julien Perronnet, sieur de la Pommeraie.

Mᵉ Manassès Dubois, sieur de Boyère.

Mᵉ François Thoumin, sieur de Perroux.

Mᵉ René Billard, sieur de la Rousselaie, aussi avocat audit duché.

Mᵉ Mathurin de Mimbré, sieur dudit lieu, docteur en médecine.

Mᵉ Denis Dorbes, sieur dudit lieu.

Mᵉ Jean Labitte, sieur de la Roncinière.

Mᵉ Jean Viel, sieur de la Masure.

François Bouju, sieur de la Jouslianière.

Mᵉ Ambroise Gastin, sieur de la Roche.

« Sire » Marc le Maçon, sieur de la Poulardière.

Mᵉ Macé Cosnard, sieur de la Butte.

Ambroise Cosnard, son fils.

Jean Cheuë, sieur de la Brosse.

René Le Maréchal, sieur de la Tête-Noire.

Mᵉ Richard Lefebvre, sieur de Loyère.

Mᵉ Jean des Aulnois, sieur dudit lieu.

François de la Frette, sieur de la Rouërie.

Mᵉ Robert Lebourdais, sieur de Fresnay.

Mᵉ Brice Séneschal, sieur de la Bordelaie.

Vincent Laigneau, sieur de la Laire.

Louis Lamy, sieur de Pont-Gasté.

« Sire » Michel Nourry, sieur des Noyers.

François Placeau, sieur du Petit-Bois.

Michel Guérin, sieur du Portail.

Mᵉ Pierre Hamon, sieur de la Guinardais.

Adrien Guérin, sieur de la Gandonnière.

Mᵉ Jacques Madré, sieur de la Roche.

---

(1) Jean-Baptiste Blanchet, fils de Louis Blanchet, sieur de Villefoulon, et de Renée Drouet, eut pour fils Claude Blanchet, avocat, qui épousa Marie Leclerc.

James le Maçon, sieur de la Cadorière.

Macé Granier, sieur de la Rogardière.

René Fanneau, sieur de la Rouzière.

Louis Fanneau, son fils.

Mᵉ René Viau, sieur de la Fontaine.

Mathurin Guesné, sieur de la Goyardière.

Mᵉ Pierre de la Lande, sieur dudit lieu.

Mᵉ Charles Laumosnier, sieur de la Rangée.

Mᵉ Pierre Legendre, sieur de la Fourmondière.

Ananias Pottier, sieur du Chemin.

Mᵉ Mathias Chesnay, sieur dudit lieu.

Mᵉ Lazare Le Moulnier, sieur de la Marre.

Ambroise Le Moulnier, marchand, sieur de la Rousselière.

Mᵉ Jean Duparc, sieur de la Roblinière.

Mᵉˢ Jean et Etienne Les Brociers, sieurs de Launay.

Pierre Guillin.

Mᵉ Jean Valleray.

René Guillin.

Ambroise Gaudesche.

Mᵉ René de Romaigné.

Mᵉ Jean Rivière, sieur des Molières.

Christophe Brisoult.

Mathurin Tronchet.

Thomas Hubert.

Jacques Chabrun [1].

Et Mᵉ Robert Lebourdais, sieur du Bourg, « procureur
« syndic des habitants de Mayenne, représentant le reste
« d'iceux. » [2]

Le Père Léonard, au nom du P. Provincial et des

[1] Jacques Chabrun, sieur de la Carlière, époux de Claude Guyot.

[2] La lecture des noms qui précèdent a été faite sur une copie du contrat du 16 avril 1606, qui fut délivrée, en 1611, au Sénéchal du Maine par Jean Esnault, notaire à Mayenne. Elle diffère en quelques endroits de celle donnée par Guyard de la Fosse dans son Histoire des Seigneurs de Mayenne. Il eut peut être, il est vrai, l'original de cette pièce sous les yeux.

Capucins, prit l'engagement « de fournir nombre com-
« pétent de religieux au couvent de Mayenne, tant pour
« dire et faire le service divin que pour prêcher la parole
« de Dieu et pour les autres œuvres pieuses auxquelles
« leurs devoirs et vocation les obligent... » Ce sont les
termes insérés dans le contrat.

Dès le lendemain de la donation dont nous venons de
parler, c'est-à-dire le 17 avril 1606, Guillaume Chapelet, docteur en théologie, archidiácre du Passais, grand
vicaire du Mans, arbora la croix dans le Champ-du-
Mariage. Cette prise de possession au nom du Christ,
son étendard élevé et comme brandi par son champion,
la foule recueillie qui l'entourait et priait, composaient un tableau de vie chrétienne qui émut singulièrement les assistants.

Peu de temps après, « la damoiselle Jean de Goué, née
« Viel » abandonna aux Capucins une portion de la
pièce de terre, nommée le Champ-au-Doyen, contiguë au
Champ-du-Mariage, qui servit de sol à quelques-uns des
bâtiments du couvent et de jardin pour le surplus.

La majeure partie de la chapelle du nouveau couvent
et la sacristie furent aussitôt bâties et les vicaires généraux du diocèse du Mans accordèrent, dès le 16 juillet
1607, à l'évêque d'Avranches les pouvoirs nécessaires
pour bénir le sanctuaire et le cloître [1]. Le siège épiscopal du Mans était alors vacant.

L'autorisation des vicaires généraux était conçue en
ces termes :

Reverendo in Christo patri et domino Abrincensi
episcopo vicarii in spiritualibus et temporalibus genera-
les, a venerabili Capitulo insignis Ecclesiæ Cenomanen-

---

[1] On trouvera à l'appendice, note A, une description des constructions à
faire au couvent de Mayenne.

sis ad Romanam Ecclesiam nullomedio pertinentis,
sede episcopali Cenomanense vacante, commissi, reve-
rentiam et honorem. Ut ecclesiam de novo per reve-
rendos patres capuchinos propè oppidum Meduanæ
hujus Cenomanensis diocesis constructam et edificatam
claustraque sive cymiterium [1] ejusdem ecclesiæ, alia-
que, si opus sit, cymiteria, juxtà sacrosanctæ Romanæ
Ecclesiæ ritum et consuetudinem benedicere et dedi-
care, sacrumque munus Confirmationis Christi fideli-
bus illud petentibus conferre, necnon altaria portatilia
et alia consecrare ac ecclesiastica ornamenta et calices
benedicere possitis et valeatis, auctoritate dicti Capituli quâ fungimur in hâc parte, dictâ sede episcopali
vacante, vobis licentiam impertimur et facultatem concedimus per præsentes. Datum Cenomani, sub sigillo
dicti Capituli, die decimâ sextâ mensis Julii anno Domini
millesimo sexcentesimo septimo. *Signé :* Le Roy et...

Traduction : Au révérend père en Dieu et seigneur
évêque d'Avranches, les vicaires généraux ès choses
spirituelles et temporelles, délégués du vénérable Chapitre de l'insigne Eglise du Mans qui dépend directement de l'Eglise Romaine, révérence et honneur.

En vertu des pouvoirs du Chapitre, dont nous usons
dans la circonstance, durant la vacance du siège épiscopal, nous vous donnons l'autorisation et vous accordons, par ces présentes, toute liberté, pour que vous
puissiez validement :

Bénir et consacrer, conformément aux rite et cou-

(1) Dès le quatrième siècle, il existait, indépendamment des églises destinées à la généralité des fidèles, des chapelles bâties sur les tombeaux des
martyrs. Dans la lettre d'Innocent Ier à Démétrius on nomme ces chapelles
cimetières « cœmeterium », lieu où l'on dort Les corps des chrétiens dor-
ment en effet en attendant la résurrection. Le cloître a été appelé « cimetière »,
parce que l'homme qui y entre est mort aux yeux du monde et qu'il doit le
regarder comme un séjour destiné aux martyrs de la pénitence et une
tombe où il s'ensevelit vivant.

tume de la très-sainte Eglise romaine, l'église cons-
truite et édifiée récemment par les révérends pères capucins, près de la ville de Mayenne, au diocèse du
Mans, ainsi que le cloître ou cimetière de cette église,
et, si besoin est, tous autres lieux claustraux ;

Conférer le saint sacrement de confirmation aux fidèles qui le demanderaient ;

Et encore consacrer tous autels portatifs et autres,
et bénir les calices et ornements sacerdotaux.

Donné au Mans, sous le sceau du Chapitre, le seizième
jour du mois de juillet, l'an de Notre-Seigneur mil six
cent sept.

Signé : Le Roy, et...

Tout laissait présager, lors de l'autorisation des vicaires généraux, que les personnes pieuses de Mayenne
fourniraient les fonds nécessaires pour achever la chapelle et construire le couvent. Ces espérances ne se
réalisèrent pas. Les premières dépenses avaient été
rapidement couvertes, mais on ne s'était pas rendu
compte des frais considérables que devait coûter une
pareille fondation. Il ne faut pas oublier non plus que
Mayenne avait considérablement souffert « de la grande
« contagion de 1584 », et des guerres de religion. Le château avait été assiégé, la ville occupée et mise à contri-
bution, et les habitants ne pouvaient se montrer aussi
généreux qu'ils l'eussent sans doute désiré.

Les ressources paraissant devoir manquer pour la
continuation des bâtiments, on retarda la consécration
de la chapelle. Le roi aida à leur achèvement en
disposant de quelques fonds à cet effet.

Les habitants de Mayenne avaient, par lettres patentes
d'Henri IV du 3 juillet 1597, obtenu la levée, pour une
durée de trois ans : « 1° de trois sous par chaque minot
« de sel vendu ou imposé au Grenier à sel de Mayenne ;

« 2° de quarante sous sur chaque pipe de vin et cinq sous
« sur chaque pipe de cidre, vendus et débités en ville ; 3° et
« de six deniers sur chaque pied fourché [1] passant et
« vendu à Mayenne ». Le produit de ces impôts devait être
employé à la construction d'une partie des murailles de
la cité, mais il ne produisit qu'une somme de douze
cents livres qui était bien insuffisante pour commencer
même les plus minces défenses. Toutes les ruses étaient
alors employées par les hôtes et les cabaretiers pour se
soustraire au droit de vinage. Ils avaient imaginé de
faire graver le nom de leurs marchands en gros sur
leurs mesures en bois et en étain, ainsi que sur les
futailles, et, lorsqu'on se présentait pour les saisir, les
négociants revendiquaient la propriété de tous ces
objets. Il fallait en arriver à composer avec eux au
détriment de la communauté des habitants. L'enceinte
de Mayenne à édifier était une entreprise considérable
qui eût nécessité des dépenses importantes, et les douze
cents livres recueillies n'avaient pas été utilisées. Du
reste, les bourgeois de la ville, qui venaient d'être témoins
de plusieurs sièges de leur château, ne se souciaient
peut-être guère de mettre leur cité en état de s'exposer
à en subir de nouveaux et décidèrent qu'on ne pouvait
mieux en disposer, que pour la construction du couvent
des capucins. Aussi, « duement congrégez et assemblez
« en la manière accoutumée, à l'yssue des vespres », le 8
juin 1609, ils donnèrent pouvoir de présenter requête à sa
Majesté et à son conseil afin qu'il daignât accorder cette
somme au couvent.

Le roi répondit à leur demande par lettres-patentes,
données à Paris le 31 juillet 1610 : « ... Inclinant, disait-il,
« à la très-humble supplication qui nous a été faite à

---

(1) « Le pied fourché » était un droit qui se levait aux portes des villes sur
les bœufs et autres animaux à pied fourchu.

« même effet par notre très-cher et bien aimé cousin le
« sieur de Bois-Dauphin, maréchal de France. Pour ces
« causes, avec le bon avis de la reine régente, notre très-
« honorée dame et mère, avons ordonné et ordonnons
« que les deniers provenus de ladite levée jusqu'à con-
« currence de douze cents livres, si tant se monte, seront
« et demeureront comme nous les avons affectés et
« octroyés.... aux pères capucins pour la continuation
« et perfection de leur couvent encommencé dans la
« ville de Mayenne. »

Il fut également donné par Charles de Lorraine, duc
de Mayenne, une somme de 1.000#. Pour se procurer
cette somme, il chargea ses représentants à Mayenne,
René Labitte, juge général, René Pitard, lieutenant général, Alexis Martin, segrayer, et Louis Cazet, contrôleur,
de vendre dix arpents de bois de haute futaie de la forêt
de Mayenne, « au quartier dit du Cheval-de-bois », qui
faisait partie « de la franchise de Chastillon et Géhard ».
Les prix de vente devaient être versés à « celui qui serait
député pour la conduite du bâtiment des capucins »,
car ceux-ci, comme on le verra, ne pouvaient, d'après
leur règle, recevoir personnellement aucune somme [1].

Grâce à ces secours et à quelques autres, on put presque parachever les constructions, et il fut possible d'obtenir la consécration de la chapelle.

Nicolas Le Cornu de la Courbe, évêque de Saintes, se
rendit à Mayenne et procéda à cette cérémonie le 22
octobre 1609, avec l'autorisation des grands vicaires du
Mans.

Voici les termes du procès-verbal qu'il dressa à cette
occasion.

Nicolaus Dei et Sanctæ Sedis apostolicæ gratiâ Xanc-

---

[1] V. contrat de vente devant Gervais Roullas, notaire royal du Mans et
du Bourgnouvel, du 7 février 1608.

tonensis episcopus, notum facimus universi quòd hâc
die vigesimâ secundâ mensis octobris anno Domini millesimo sexcentesimo nono, ecclesia conventûs Capucinorum urbis Meduanæ aliàs « de Maine » de novo fundata,
diocesis Cenomanensis, annuantibus et rogantibus vica-
riis generalibus episcopatûs dicti Cenomanensis diocesis,
sede episcopali vacante, per nos consecrata et dicata
Deo divoque Francisco cujus normam, vitam, mores
pietatemque insequntur et colunt, extitit; cum conces-
sione indulgentiarum quadraginta dierum, singulis
annis, dictâ die dedicationis et consecrationis dictæ
ecclesiæ eamdem ingredientibus et orantibus ex autho-
ritate apostolicâ et nostrâ nobis in hac parte commissâ
concessimus et concedimus per præsentes, in præsentiâ
venerabilis patris Valentini de Nantes, superioris et
gardiani dicti conventûs et ceterorum fratrum capucinorum dicti conventûs, ac etiam magistrorum Renati
Morice, rectoris ecclesiæ parochialis de Poullay ac
etiam decani decanatûs Meduanensis, Juliani Aubert,
presbyteri, rectoris ecclesiæ dictæ urbis Meduanæ, Vin-
centii Madré, rectoris de Grazay, prefecti operis dictæ
ecclesiæ et conventûs capucinorum, Francisci Gastin,
rectoris ecclesiæ parochialis Sancti Baudellii, Jacobi
Madré, rectoris Beatæ Mariæ de Parigneio, necnon nobi-
lium et clarissimorum virorum et dominorum Renati
Labitte, in juribus licentiati ac judicis generalis urbis et
totius ducatûs Meduanæ, Renati Pitard, etiam in juribus
licentiati, locumtenentis generalis civilis et criminalis
dictæ urbis et ducatûs, domini ac magistri Francisci
Perier, etiam in juribus licentiati, procuratoris generalis
dicti ducatûs, magistri Francisci Le Faucheux, etiam in
juribus licentiati, advocati in dictâ sede et procuratoris
fabricæ dictæ ecclesiæ Meduanensis, et aliorum pluri-
morum et innumerabilium qui illic convenerunt. In
quorum fidem et testimonium has præsentes subsigna-

vimus et sigillo nostro muniri jussimus et per magistrum Franciscum Tribondeau, presbyterum rectorem Sancti-Martini de Moullay, elemosinarium nostrum, in absentiâ nostri secretarii, expediri, signari et tradi dicto domino de Grazay fecimus. Datum in dictà ecclesià, die, mense et anno predictis.

Nicolaus Le Cornu de la Courbe, episcopus Xanctonensis.

De mandato Domini reverendissimi episcopi, F. Tribondeau, (pro secretario).

Traduction : Nicolas, par la grâce de Dieu et du Saint-Siège apostolique, évêque de Saintes : faisons savoir à tous que cejourd'hui, vingt-deuxième jour du mois d'octobre, l'an du Seigneur mil six cent neuf, l'église nouvellement bâtie du couvent des capucins de la Ville de Mayenne, autrement dite « de Maine », a été, du consentement et à la demande des vicaires généraux du diocèse du Mans (pendant que l'épiscopat de ce siège est vacant), consacrée par nous à Dieu, sous le vocable de Saint-François, dont les capucins suivent la règle, se modelant sur sa vie, ses vertus et sa piété.

De plus, appuyé sur l'autorité du Saint-Siège et en vertu des pouvoirs spéciaux à nous conférés à cet effet, nous avons accordé et accordons, par ces présentes, quarante jours d'indulgence, chaque année, aux personnes qui visiteront ladite église et y prieront le jour anniversaire des consécration et dédicace qui viennent d'avoir lieu.

Etaient présents :

Le vénérable P. Valentin de Nantes, supérieur et gardien du couvent (de Mayenne), et les autres frères capucins de ce couvent.

Mᵉ René Morice, curé de l'église paroissiale de Poulay et doyen du doyenné de Mayenne ;

Mᵉ Julien Aubert, prêtre, curé de l'église de la ville de Mayenne ;

Mᵉ Vincent Madré, curé de Grazay, préfet de l'œuvre de l'église et du couvent des capucins ;

Mᵉ François Gastin, curé de l'église paroissiale de Saint-Baudelle ;

Mᵉ Jacques Madré, curé de Sainte-Marie de Parigné.

Comme aussi les nobles et illustres hommes et seigneurs :

René Labitte, licencié ès-droits, juge général de la ville et du duché de Mayenne ;

René Pilard, également licencié ès-droits, lieutenant général civil et criminel de la ville et du duché de Mayenne ;

Seigneur et maître François Périer, aussi licencié ès-droits, procureur général dudit duché ;

Mᵉ François Lefaucheux, également licencié ès-droits, avocat audit siège et procureur de la fabrique de l'église de Mayenne ;

Beaucoup d'autres et une grande foule de peuple assistaient à la cérémonie.

En foi et témoignage de quoi, nous avons signé ces présentes que nous avons fait revêtir de notre sceau, et, en l'absence de notre secrétaire, nous les avons fait expédier, signer et délivrer audit sieur de Grazay par Mᵉ François Tribondeau, prêtre, curé de Saint-Martin de Moulay, notre aumônier.

Donné, en ladite église, les jour, mois et an que dessus.

Signé : Nicolas Le Cornu de la Courbe, évêque de Saintes.

Par mandement du seigneur et révérendissime évêque,

Signé : Tribondeau, (aux lieu et place du secrétaire).

Le Mans possédait un couvent de capucins depuis 1602 ; celui de Mayenne fut le second du diocèse.

CHAPITRE II

—

Les capucins étaient à peine installés à Mayenne qu'ils s'aperçurent que leur enclos manquait d'un élément indispensable. Ils n'avaient pas d'eau, du moins en quantité suffisante pour les besoins intérieurs, surtout pour les lavages et l'arrosage de leur jardin qui était vaste. Se nourrissant en grande partie de légumes, ils devaient apporter à leur culture des soins particuliers.

Vers 1625, ils conçurent le projet de capter les sources qui se trouvaient dans « un pré et frêche, nommé le frê-« che de la Bévinière, qui dépendait du lieu et domaine « de la Grande-Mauhitière, paroisse de Mayenne ».

Julien Lair, sieur de la Boisardière, ancien avocat fiscal du duché, et Marie Péchard, sa femme, propriétaires de la Mauhitière, accordèrent au couvent, en 1630, le droit de jouir des sources qu'ils convoitaient. Ils autorisèrent, comme conséquence, la pose de tuyaux dans le friche de la Bévinière et dans la pièce de terre adjacente qui cotoyait le chemin du Haut-de-Ville à la Grande-Bévinière. Cette pièce, nommée le champ de la Meule, est occupée par le cimetière actuel de Mayenne.

Pour arriver au monastère, l'eau avait encore à parcourir un long trajet sur diverses pièces, et il fallut l'agrément de plusieurs propriétaires :

— De Louis Thoumin, avocat à Mayenne, et de Renée de Bazogers [1], sa femme, pour une pièce dite le Grand-Champ, dépendant de la ferme de la Grange. On verra plus loin un autre propriétaire du domaine de la Grange, ce qui indique qu'il existait à cette époque deux métairies de ce nom au même lieu ;

— De Françoise Le Mareschal, dame de la Tête-Noire, autorisée de Charles Saichet ou Saiget, son mari, en ce qui concernait son champ du Poirier.

— De François Martin, cordonnier, et de Gilles Moisson, laboureur, relativement à leur champ des trois Cornières [2].

— Et de Mᵉ Richard Lefebvre, sieur de Loyère, par rapport à une pièce de terre nommée le Champ-du-Mariage.

Ces droits d'aqueduc furent accordés par contrat passé devant René Plagué et Marin Morderet, notaires royaux des cours du Mans et du Bourgnouvel, à la résidence de Mayenne, le 1ᵉʳ août 1630. Le P. Louis de Guérande, gardien des Capucins de Mayenne, y représentait le couvent. Les donateurs firent insérer dans l'acte de cession que leur libéralité était faite à la charge par les capucins de réciter pour eux, chaque année, « un Pater Noster et un Ave Maria ».

La propriété de la Mauhitière où se trouvait la source relevait du fief d'Orthe qui appartenait à René Pitard. Celui-ci abandonna, de son côté, tous ses droits seigneuriaux, à la condition que les religieux réciteraient également pour lui, tous les ans, un Pater et un Ave [3]. Pitard était alors sur le bord de sa tombe,

(1) Renée de Bazogers, fille de René de Bazogers, sieur de la Cour de Grazay, et de Marie Labitte, fut baptisée à Mayenne, le 3 mars 1590.

(2) Cette pièce de terre figure probablement au cadastre sous le nᵒ 373 de la section F.

(3) Au xvıᵉ et au xvııᵉ siècle, ces fondations « de Pater et d'Ave » étaient fort en usage dans notre pays et figurent d'ordinaire dans les testaments à

abreuvé de chagrins domestiques, et l'on peut ajouter sincèrement que les prières des capucins ne lui étaient pas inutiles[1].

En obtenant du sieur de Loyère le droit de passer l'aqueduc par le Champ-du-Mariage, le P. gardien n'avait l'intention d'en user qu'autant qu'il ne pourrait l'établir sur un friche, dit de la Ménardière, qui dépendait de la chapellenie de ce nom. Ce friche s'appela plus tard le Champ-des-Capucins[2], par suite de son voisinage du couvent. Il en fut de même du Champ-de-Dessus-l'Etang de la Grange qui est dit aujourd'hui la Butte-des-Capucins. Le Champ de la Meule, dans lequel passait l'aqueduc, prit aussi le nom de Champ-des-Capucins, parce qu'il était traversé par la conduite d'eau du couvent. Les capucins ne possédèrent jamais à Mayenne que leur enclos, la maison et le jardin de leurs sœurs dont nous aurons à parler plus loin[3].

Mathieu d'Augeard, curé, doyen rural de Mayenne, avait, par testament du 4 novembre 1494, fondé la chapellenie de la Ménardière, desservie en l'église de Notre-Dame de Mayenne, en donnant le droit de présentation à son plus proche héritier et à ses descendants portant le nom d'Augeard. Cette chapelle devait, suivant les intentions du testateur, avoir pour titulaires deux

côté de charges plus importantes, comme « les chanteries, les messes à note, « les messes hautes et basses ». On rencontre aussi des dispositions plus humbles, mais révélant toujours la même foi, parmi lesquelles on trouve la récitation de la grande oraison de Pâques, des oraisons de certains jours de fêtes telles que celles de la Nativité de la Vierge, de la Visitation et de l'Assomption et enfin du « de profundis » à l'anniversaire du décès des testateurs, avec ou sans aspersion d'eau bénite sur leur fosse.

(1) Voir *Souvenirs du Vieux Mayenne*, chapitre IV.

(2) Il s'agit probablement du Champ des Capucins, n° 372, section F du cadastre.

(3) La porte de la ville qu'on appelait « Portail Sainte-Anne » fut désignée sous le nom de « Porte des Capucins » par beaucoup de personnes. Elle se trouvait sur le chemin qui conduisait au monastère.

prêtres, mais le cardinal Philippe de Luxembourg, évêque du Mans, décréta qu'elle n'en aurait qu'un. Il fallait que le bénéficier fût un prêtre âgé de quarante ans au moins, né dans l'un des doyennés de Mayenne ou d'Evron.

En 1630, L. Guyot, prêtre, demeurant à Evron, était titulaire de la chapellenie de la Ménardière. Le P. gardien lui écrivit pour obtenir l'autorisation de passer la conduite de l'eau par le friche qui dépendait de son bénéfice. Dans sa réponse le chapelain disait : « Faites en sorte que « les canaux soient posés si bas, que cela n'empêche le « labour de mon fermier. » Après avoir donné quelques explications relatives au règlement des indemnités qui seraient dues par les capucins pour la perte de jouissance du laboureur du friche dont il était question, il ajoutait : « L'affaire n'est pas facile à expédier en « cour de Rome, tant parce que la chapellenie est pré- « sentée en patronage laïque que parce qu'elle est affec- « tée à diverses personnes de divers lieux, qui y préten- « dent droit en cas de vacance. » Cette lettre est du 20 juin 1630.

L'aqueduc du couvent fournissait de l'eau en abondance et permit aux religieux de projeter un échange qui tendait à faciliter l'accès du monastère aux personnes qui désireraient s'y rendre directement du centre de la ville. Qu'on descendit de la rue des Pescheries ou qu'on vint du bas de la ville par la rue Sainte-Anne, il fallait, de toute nécessité, passer par la rue du Pavé-Morin pour gagner les Capucins. Ni la ruelle du Pressoir, ni celles du Gâtoir et du Château-Trompette n'y atteignaient.

Les religieux avaient, dès leur arrivée, ouvert du chemin de Saint-Léonard, appelé le plus souvent le chemin de Brives, et parallèlement à l'impasse du

Haha [1], une rue de l'est à l'ouest (partie-est de la rue actuelle de la Visitation) qui longeait leur enclos et fut plantée d'Ormeaux. Ces arbres lui valurent le nom de « rue des Ormeaux » [2]. La nouvelle voie s'arrêta primitivement à l'entrée du couvent, qui se trouvait alors entre le portail actuel de la cour de la chapelle de la Visitation et le portail de service.

En vue d'arriver à l'ouverture d'un chemin plus court, venant directement de la ville, chemin qui sera plus tard « appelé rue des Capucins », René Trihan, avocat fiscal au siège du duché de Mayenne [3], « en qualité de père spiri- « tuel et syndic des RR. PP. capucins de Mayenne », fixa avec François Garnier, sieur de Narbonne, les bases de l'échange suivant :

De Narbonne accordait aux religieux à perpétuité, « pour eux et le public, une servitude de passage sur un « chemin, clos de haies, longeant et le jardin qu'il avait

---

(1) Le mot « haha » a eu de nombreuses significations. On s'en est servi pour désigner le cri du haro, un cri de guerre, un cri de douleur, la douleur elle-même, le tourment, la détresse, le chagrin, un carnage, un désastre. C'est encore une exclamation. Jadis, c'était un terme de mépris à l'adresse d'une femme « une vieille haha ». On appelait aussi « un haha » un obstacle, un fossé, une rue fermée, un cul-de-sac, et l'un de ces derniers sens paraît s'appliquer à l'impasse de la ville de Mayenne qui porte le nom d'impasse ou de rue du Haha.

> Tenez, s'il est ici, je gage mes oreilles,
> Qu'il est dans quelqu'allée à bayer aux corneilles,
> S'approchant pas à pas d'un haha qui l'attend,
> Et qu'il n'apercevra qu'en s'y précipitant.
>
> A. PIRON (*La Métromanie*).

(2) En 1690, les religieux se plaignirent que les charretiers, qui circulaient par leur rue, heurtaient et brisaient les arbres qui en faisaient l'ornement. La rue étant leur propriété privée, la municipalité prit, le 16 décembre 1690, un arrêté qui en interdisait le passage aux voitures, sous peine d'une amende de 60 sols.

(3) René Trihan avait épousé une fille de Richard Lefebvre de Loyère et de Renée Viel de Torbechet.

« fait dans son Champ-de-la-Perrière et le Champ-du-
« Mariage au-dessus ». Cette voie « prenait, en droite ligne,
« du chemin qui séparait les jardins de feu Mᵉ de Tor-
« bechet et de MM. de Labitte et de la Chartrye jusqu'à
« l'enclos des RR. PP. capucins ».

De son côté, le couvent abandonnait à de Narbonne :

1° A perpétuité, le tiers des eaux de sa fontaine, « à
« prendre au regard où il jugerait le plus commode pour
« les mener dans son jardin ».

2° Et l'usufruit d'un second tiers.

Il était entendu qu'en aucun cas l'eau ne pourrait manquer au couvent par le fait de cette cession et que les religieux auraient toujours la priorité de jouissance de celle
que débitaient les canaux. Ceux-ci devaient être réparés
à frais communs par les coéchangistes [1].

En même temps le chemin, situé entre les jardins du
sieur de Torbechet et des sieurs de Labitte et de la
Chartrye, était assujeti gratuitement à une servitude de
passage, à tous usages, au profit du couvent et du public.
La cession gracieuse devait en être faite par « Gilles de
« Goué, en qualité de mary de damoiselle Marie Viel, et
« noble Mᵉ Adam Deschamps, recepveur des tailles de
« l'Élection [2], comme curateur des enfants mineurs
« de deffunct noble Jean Viel, sieur de Torbechet ».

Ces projets, formés en 1644 et 1645, ne furent pas réali-
sés. Le P. Provincial dut être consulté, et il est proba-
ble qu'il fit remarquer l'imprudence qu'il y aurait à
accorder à de Narbonne le droit d'eau qu'il demandait.

---

(1) Voir à l'Appendice, note B, une description de la canalisation.

(2) Adam Deschamps eut, de son mariage avec Marie de Cotteblanche, un
fils Adam Deschamps, conseiller assesseur à la Barre ducale, qui épousa
Marguerite Lefebvre de Loyère, fille de René Lefebvre de Loyère et de Renée
de Bazogers. Les époux Deschamps-Lefebvre eurent deux enfants : François
Deschamps, prêtre, chanoine de Carrouges, et Marie Deschamps, mariée à
Robert Laurençon.

Deux ans se passèrent en nouveaux pourparlers qui eurent de meilleurs résultats pour le couvent.

De Narbonne « pour obliger les RR. PP. d'avoir mé- « moire de luy et des siens en leurs prières et pour par- « ticiper à icelles, ensemble pour obliger le public », fit donation de la servitude de passage sur son chemin, par contrat devant René Plagué et Julien Frandebœuf, no- taires royaux, le 1er avril 1647. En reconnaissance de cette libéralité, les capucins permirent au donateur de jouir « d'un filet d'eau de la grosseur d'un fer d'aiguil- « lette ou d'une plume d'oie, à prendre aux tuyaux par « lesquels venait la fontaine du couvent ».

Le prolongement du chemin, qui appartenait aux héritiers Viel, fut également grevé en faveur du couvent d'un droit de circulation, ainsi qu'il appert d'un con- trat passé devant les mêmes notaires, le 22 Juin suivant (1647).

Ce chemin des héritiers Viel, partie basse de la rue des Capucins qu'on appelait jadis rue Neuve, était alors fort étroit et n'avait guère qu'une voie charretière.

Quant au chemin de Narbonne, c'est-à-dire à la par- tie haute de la rue des Capucins, il eut quinze pieds de largeur.

Ces deux sections de chemin, se trouvant sur le pro- longement l'une de l'autre, sont connues aujourd'hui sous le nom de « rue des Capucins ».

Par ces donations et ces arrangements, la rue des Ormeaux et la rue des Capucins n'étaient point encore en contact. Comme nous l'avons dit, la première s'arrê- tait à l'entrée de la propriété des religieux et était sépa- rée du haut de la seconde par le Champ-au-Doyen, dont une partie avait été cédée au monastère. Jean de Goué vendit, en 1665, une autre portion de cette pièce au couvent qui put enfin joindre la rue des Ormeaux à la section supérieure de la rue des Capucins.

L'opinion publique avait aidé à la réalisation de ce contrat. Les habitants désiraient vivement l'ouverture de cette voie plus directe pour se rendre au monastère, d'autant que la rue du Pavé-Morin était impraticable et ressemblait à une longue fondrière. On écrivait alors : La « rue du faubourg du Pavé Morin, par laquelle on va au « couvent des RR. PP. capucins, est demeurée en si mau- « vais état qu'elle est presque inaccessible, non seulement « pour les gens à pied, mais aussi pour les chevaux et « charrettes. Lorsqu'il est nécessaire de porter audit fau- « bourg le Saint-Sacrement de l'autel à des malades, il « est impossible d'y aller avec le dais, en sorte que l'on est « obligé de le laisser à l'entrée dudit faubourg ; à quoi « l'on ne peut autrement remédier qu'en pavant ladite « rue depuis le portail Sainte-Anne jusqu'à la croix des « Capucins. » La croix dont il est ici question se trouvait plantée dans l'angle sud-est de l'enclos des capucins formé par la rue des Ormeaux et le chemin de Saint-Léonard.

Le Champ-au-Doyen, dont il vient d'être question, était un fief de la seigneurie de la Trotterie. René Lebourdais, qui la possédait, fit remise aux capucins de tous les droits de vente et indemnité auxquels il avait droit de ce chef [1]. Il y mit toutefois cette condition qu'à son décès les PP. Capucins feraient, pour le repos de son âme, les mêmes prières que pour celles des père et mère de l'un d'eux, et que cet engagement serait consigné sur le registre du couvent. Cette clause pieuse fut agréée par le chapitre des capucins de Bretagne tenu à Guingamp, le 23 Juillet 1666.

Les œuvres religieuses ne se fondent jamais sans

_____

[1] Contrat sous seing privé, du 31 octobre 1665.

de nombreuses difficultés, et les âmes pieuses s'y attendent ; elles savent que leur voie en ce monde doit être étroite et semée de quelques épines. Sans éprouver de graves ennuis, les capucins en eurent quelques-uns relativement à leur clôture.

La pièce de terre, qui leur avait été donnée pour établir le couvent, présentait des limites sinueuses dont une muraille pouvait difficilement suivre les contours, et lorsqu'ils élevèrent leur clôture, ils l'établirent sans tenir compte des irrégularités d'alignement et laissèrent un relais autour de leur propriété. Cet excédant, du côté du Champ-de-dessus-l'étang qui appartenait à René de Bazogers, fit l'objet d'un procès. Françoise de Bazogers, une fille sans doute de ce dernier, avait épousé Jean Gaudin, sieur de Loginière, qui s'empara de la bordure délaissée le long de sa pièce, en coupa le bois et y fit des plantations. Il s'y croyait peut-être autorisé parce que les capucins abandonnaient en fait cette parcelle d'un champ qui avait appartenu autrefois à la propriété de la Grange et restait en taillis. D'un autre côté, les époux Gaudin avaient précédemment, par acte du 7 mars 1629, donné aux religieux « de la familie de Mayenne, « un petit emplacement à prendre de trois ou quatre « pieds, près de la chaussée de leur réservoir, en cas « qu'ils voulussent bâtir une petite infirmerie », et les donataires ne pouvaient guère se montrer rigoureux vis-à-vis de leurs bienfaiteurs. Ils attendirent, et au décès « des sieur et damoyselle de Loginière », réclamèrent le sol qui leur avait été enlevé. Richard Lefebvre, sieur de Loyère, « leur bienveillant », c'est-à-dire « leur père syndic », intenta un procès à Pierre Lefaucheux, sieur des Eteppes, qui était curateur ordonné par justice aux personnes et aux biens des enfants de Loginière. Sa demande était tellement justifiée que les parents des mineurs conseillèrent au curateur de s'en

rapporter à la justice ; celui-ci fut condamné. Gilles de
Goué, sieur du Gué, juge général civil et ordinaire du
duché, rendit le 26 mai 1639 un jugement dont voici la
teneur qui est assez confuse : « Avons ordonné que
« le défendeur, en ladicte qualité, (Lefaucheux repré-
« sentant les enfants de Loginière) oste les arbres dont
« il est question, qui sont entre la muraille du jardin
« des dicts pères Capuchins et la haye antienne de la
« pièce de terre dicte le champt de dessus l'estang dans
« le jour et feste de Nouel prochain ; dans lequel temps
« il fera refaire ladicte antienne haye, en sorte que le
« fonds et allée où sont plantés les dicts arbres demeu-
« rent libres aux dicts Pères et iceulx laisse et souffre
« jouir à l'advenir des rivaiges ou allée basse, chênes
« et autres arbres qui sont plantés en iceulx, entre la mu-
« raille du jardin desdicts Pères et l'estang dudict lieu
« de la Grange, depuis la chaussée d'icelluy estang jus-
« ques à une petite murette qui est au haut de ladicte
« allée basse ou rivaige, et au surplus des arbres qui
« sont au-dessus de ladicte petite muraille eslevée près
« de ladicte muraille de leur dict jardin jusque à la haye
« antienne de ladicte pièce de terre nommée le champ
« de dessus l'estang. Luy avons fait et faisons défenses
« de troubler, ni faire troubler lesdicts pères Capuchins
« à l'advenir en quelque manière que ce soit.... ».

Cette décision ne devait pas être fidèlement exécutée,
et, quelques années après, un nouveau procès fut in-
troduit. Le jugement du 26 mai 1639 tranchait une question de propriété ; la seconde action concernait le bornage des immeubles dont la limite n'avait pas été
précisée. Les Pères s'étaient résolus à clore d'une palis-
sade tout ce qui leur appartenait, afin d'éviter
de nouveaux conflits. René Trihan, « bienveillant
des pères capucins, » assigna en bornage Pierre Pidault d'Herbonnes, « tant en son nom personnel que

« comme curateur de Marguerite et Anne les Gau-
« dins, » ses belles-sœurs. Le défendeur s'opposa à la
prise de possession du petit terrain ou emplacement
dont ses beau-père et belle-mère avaient fait donation
pour la construction d'une infirmerie.

Le 17 janvier 1650, le juge Gilles de Goué prononça le
jugement qui suit : « Avons permis aux Pères capucins
« de cette ville de faire leur muraille dans l'emplace-
« ment dont il est question, suivant l'escript du 7 mars
« 1629, et celle du bout, proche la pièce de terre nom-
« mée le champt de sur l'estang, à prendre au pied de
« l'autre haye de ladicte pièce à rendre, en droicte ligne,
« à ladicte muraille de dessus le dict champt, à la
« charge aux dicts Pères de faire faire la dicte muraille
« contingente à la dicte pièce de tous endroits et à la
« haye qui va du dict couvent au haut de ceste ville et
« icelle tenir à l'advenir en bonne réparation et à ce
« moyen, enjoins audict Pidault de faire abattre, dans
« un mois, le bois qui est sur la haye de ladicte pièce et
« dans ledict emplacement en ce qui en sera enclos et
« sans despens. » Décidément, le juge de Mayenne manquait de clarté dans la rédaction du dispositif de ses
jugements.

La mauvaise chicane de Pidault était évidente, et, dès
qu'Anne Gaudin, sa belle-sœur, eut atteint sa majorité,
elle prit une toute autre attitude vis à vis du couvent.
Comme propriétaire de la ferme de la Grange qui
lui avait été attribuée en partage, elle leur accorda l'autorisation de placer en ligne droite la muraille-ouest
de clôture.

Au cours du procès dont nous venons de parler, la
propriété des capucins fut arpentée par François Nepveu, notaire royal à Contest, et il fut constaté que leur
enclos, en y ajoutant le sol de l'entrée et une petite portion de terre au-dessus des murailles, contenait deux

journaux et demi, à raison « de 80 cordes par journau, à la chaîne de 24 pieds. »

En acceptant le Champ-du-Mariage pour y placer leur monastère, les capucins n'avaient pas suffisamment songé au voisinage des étangs de la Grange, dont les miasmes envahissaient leur enclos. La fièvre paludéenne ne quittait pas le couvent et il était impossible que cette situation pût continuer longtemps ; lors des grandes chaleurs, une odeur pestilentielle s'élevait du marécage, car les étangs se trouvaient, à cette époque de l'année, à moitié desséchés.

Les religieux entreprirent, en 1654, de les faire mettre à sec et, dans ce but, firent des démarches près d'Ambroise Rigault, sieur de la Mitonnière, procureur syndic des habitants, pour qu'il consentit à s'en occuper. Il n'y avait pas encore de maire et d'échevins à Mayenne ; la création de l'Hôtel de ville n'eut lieu que l'année suivante.

Mayenne venait d'être deux fois éprouvée par la peste. En 1640, elle s'était déclarée à Notre-Dame, et des habitants qui n'avaient pas fui devant le fléau un bon nombre étaient morts. Quelques années après, en 1649, une nouvelle épidémie venait de coûter la vie à beaucoup de personnes de Saint-Martin, et l'on commençait à se préoccuper des moyens d'assurer la salubrité publique en assainissant la ville. On peut dire sans exagération que celle-ci n'était qu'un cloaque au milieu du xviie siècle. Les fumiers de toute nature, à fleur de terre et sans clôtures, s'égouttaient dans les rues, les envahissaient souvent ; les immondices s'y entassaient au-devant des habitations, et les pluies ne pouvaient en charrier qu'une partie qui allait soit empester l'étang de Baudais, soit se jeter dans la rivière, où les sédiments s'étaient accumulés en si grande quantité qu'une arche du pont ne

laissait plus passer d'eau. On avait même bâti sur l'at-
térissement. Il fallut le zèle et la fermeté des premiers
maires et des premiers échevins de Mayenne pour
obtenir le balayage et l'enlèvement des boues de la
ville.

En demandant la suppression de l'étang de la Grange,
les capucins sollicitaient donc une mesure d'intérêt
général qui ne pouvait être mal accueillie. La reconnaissance eût du reste empêché qu'on les refusât. Pendant
que les habitants aisés de Mayenne quittaient la ville
afin d'échapper à la peste, ils étaient demeurés à leur
poste et avaient fait preuve, ainsi que quelques ecclésiastiques, d'un dévouement dont le souvenir était encore
vivant. Le P. Bernardin de Fresnay, du couvent de
Mayenne, avait même été victime de sa charité [1]. Les
capucins se montraient les dignes émules de leurs frères
des autres cités : on ne pouvait signaler d'hommes plus
courageux dans les calamités publiques [2].

Le procureur syndic réunit les habitants « dans l'au-
« ditoire de Mayenne, » c'est-à-dire la future Barre ducale, qui se trouvait encore rue de Baudais, leur exposa
la position fâcheuse du couvent et l'intérêt qu'il y avait
pour la population entière à s'occuper du desséchement
des étangs. Il suffisait, disait-il, « d'acheter de la veuve
« de Julien de Bazogers, née Françoise Duparc, le
« douaire qu'elle avait sur cet étang », et il espérait arriver
à l'amortir pour une somme de deux cents livres.

Se trouvaient à cette réunion :

(1) Guyard de la Fosse dit qu'il fut enterré dans la chapelle du prieuré de
Berne, près de Mayenne. (V. *Histoire des Seigneurs de Mayenne*, p. 143).

(2) En 1738, les capucins reçoivent dix louis de l'échevinage de Troyes en
considération des services qu'ils rendent dans les incendies. (V. *La ville sous
l'ancien régime*, par A. Rabeau, II, 142. — Voir *Journal de Barbier*, I, 4. — Bouteiller, *Histoire des milices bourgeoises de Rouen*, p. 232. — Gazier, *La police de
Paris en 1770*. — *Mémoire de la Société historique de Paris*, V, 108).

Gilles de Goué, sieur du Gué, écuyer, juge général civil et ordinaire du duché.

René Lebourdais, sieur de Fresnay, juge général criminel.

Jean Le Goué, lieutenant civil et criminel et enquêteur audit duché.

Jacques Bordelay, juge civil et criminel de Fontaine-Daniel.

René Rivière.

Claude Blanchet.

Michel Pouyvet.

Jean Geslin.

Robert Loistrard, avocat.

François Fourmy.

René Dorbes.

Julien Bizeul.

Guy le Pannetier.

François Triguel.

Tous furent d'avis de l'amortissement proposé et autorisèrent le sieur de la Mitonnière à passer contrat et à prendre pour sa réalisation deux cents livres « sur les fermiers de l'octroi des six deniers par pinte » de vin vendu dans les cabarets.

Acte de cette assemblée générale fut dressé par Michel Davoynes et Guillaume Fourmont, notaires royaux à Mayenne, le 10 mars 1655.

Le lendemain, 11 mars, Rigault arrêta, par contrat passé devant les mêmes notaires, les conventions projetées avec la veuve de Bazogers, qu'autorisait Pierre Lefaulcheux son second mari.

Il était arrêté ce qui suit :

La douairière vendait aux habitants de Mayenne, représentés par le sieur de la Mitonnière, leur procureur, « le droit et usufruit qu'elle avait sur les deux étangs de la Grange ».

L'acquisition était faite pour deux cents livres, prix convenu, et Jean Laurençon, « fermier des six deniers par pinte », paya immédiatement cette somme « en louis « d'argent et autre monnaie ».

Les habitants de Mayenne s'entendirent pour le desséchement avec Jean Cailler, sieur des Champs. Celui-ci, propriétaire indivis des étangs avec les enfants qu'il avait eus de Renée Martin, sa première femme, prit, tant en son nom qu'en celui de ces derniers, l'engagement (nous ne savons à quelles conditions) de mettre immédiatement à sec l'Etang-du-Bas, « sans pouvoir y « garder d'eau, pour quelque cause que ce fût ». Il s'obligea en outre à faire deux biefs, l'un audessous de son jardin, de 7 à 8 pieds de largeur, et l'autre près de l'enclos du couvent, de 2 à 3 pieds seulement. Ce dernier bief devait être entretenu par les capucins qui profiteraient de l'eau pour les besoins de leur monastère, si bon leur semblait.

Le désir pressant qu'on éprouvait de rendre le quartier de la Grange plus salubre avait porté les habitants à hâter le desséchement sans prévoir qu'il pourrait se produire des réclamations de la part des propriétaires qui possédaient des prairies inférieures, irriguées précédemment par les eaux des étangs. Quelques intéressés demandèrent que l'Etang-du-Bas fut remis immédiatement en eau et intentèrent à cette fin une action devant Jacques Brindejonc, docteur ès-droits, bailli civil et criminel de Savigny. Ce juge, après rapport d'experts, décida, le 18 octobre 1656, que l'Etang-du-Bas resterait à sec et que l'Etang-du-Haut serait tenu en eau. Sa décision fut exécutée, et ce n'est qu'au commencement du XIXᵉ siècle qu'on a converti en prairie le sol de l'Etang-du-Haut.

Peu d'années après, les habitants de Mayenne purent constater les bons résultats qu'avait eus pour la santé publique le desséchement de l'un des étangs de la Grange et obtinrent de faire aussi disparaître l'étang de Baudais qui était au centre de la ville.

Quelques notes des Annales du couvent nous renseignent sur les travaux qui furent faits dans cet établissement. Nous en conservons presque toujours la rédaction.

« 1641. — On construisit l'infirmerie dont le sol avait été donné en 1629. Elle était en dehors des terrains de l'enclos proprement dit. Le bois fut augmenté de la largeur de la cour de l'entrée du couvent. On fit quatre chambres sur le dortoir, la ville ayant donné 100 écus pour le sujet.

« 1650. — Il est fait : 1° Une grande allée en terrasse, qui commence auprès de l'infirmerie et finit au bas du jardin ; 2° L'allée basse, qui est proche, et les deux oratoires en bastions carrés, revêtus de gazons, dont l'un au bout de l'allée, vis-à-vis de la Grange, s'appelle « bastion de l'évangile » et l'autre au coin du jardin se nomme « bastion de l'épître ».

« 1652. — On relève les murailles autour du petit jardin de l'infirmerie et on plante d'arbres les deux morceaux de terre dont le verger et le bois ont été augmentés.

« La même année, les canaux qui amenaient l'eau au couvent furent refaits en partie. Pitard, sieur d'Orthe, prévôt de Château-Gontier, permit aux religieux de les passer par un de ses champs.

« 1654. — La chapelle entre les deux infirmeries est refaite. On baisse la place de la lavanderie pour y mettre des pierres à laver le linge. Il est fait une chambre au deuxième étage, destinée à la Communauté, afin que celle qui est au troisième étage, où est la Communauté, puisse servir d'infirmerie ou de foresterie. On a aussi fait la grande chambre qui est sur le dortoir, au quatrième étage.

« 1654. — La cloche de l'église du couvent étant cassée, elle fut refondue et pesait 223 livres, au petit poids, c'est-à-dire de 16 onces à la livre. Jean Legros, curé de Mayenne, qui avait payé tout ce qu'elle avait coûté pour la refonte, la bénit. Le parrain était François (ou plutôt René) Le Bourdais, juge criminel à Mayenne, et la marraine damoiselle de Goué, fille du juge de Mayenne.

« 1663. — Le P. Ange de Mamers, provincial, pose la première pierre du bâtiment neuf entrepris par ordre de deux définitions. Il a été commencé la première semaine de Carême et achevé vers la Pentecôte. Le couvent est ainsi augmenté de neuf chambres, deux infirmeries, une librairie et des offices du bas. Le frère Blaise de Saint-Paul, venu de Laval, a conduit le bâtiment.

« 1665. — Il a été fait une nouvelle entrée du couvent, selon le désir des messieurs de la ville.

« 1667. — On a planté l'étoile de charmilles et aussi les espaliers autour des champs, au-dessus du jardin de la sacristie.

« Le grand portail a été fait de pierres de taille prises dans le Château de Mayenne par la permission de M. le duc.

« Les pierres des nouvelles murailles ont été tirées dans l'enclos de notre verger où l'on a trouvé une perrière, vis-à-vis le milieu de notre jardin, laquelle continue vers le Pavé-Morin.

« 1668. — Le cloître est pavé en briques.

Elisabeth-Vincente de l'Espronnière, épouse de Jean Viel, sieur de Torbechet, juge général du duché et maire perpétuel de la ville [1], mourut le 14 novembre 1687.

____

(1) Suivant contrat passé devant Simon Moufle et François Lefouin, notaires

Par son testament, elle laissait aux capucins une somme
de 300 # pour les aider à construire une chapelle nouvelle
« sous le titre de Saint-Louis, roi de France, et de Sainte-
« Elisabeth, reine du Portugal, à la condition que les
« prêtres, qui y célébreraient la messe, se souviendraient
« d'elle et de sa famille et particulièrement de feu M. de
« l'Espronnière, son père, de M. de Torbéchet, son mari,
« et des deux demoiselles ses filles ». La première pierre
de la nouvelle chapelle fut posée par Viel de Torbéchet,
le 27 août 1688, et bénite le même jour par le curé de
Notre-Dame, en présence de Terrard, vicaire de cette
paroisse, et de Jamelin, notaire apostolique.

Reprenons notre chronique :
« 1688. — M. Lambert, par une dévotion particulière
à notre séraphique père Saint-François, a fait son image
et bâti le dessus du portail, qui est à l'entrée de notre enclos, où il a voulu qu'elle fût placée dans une belle niche.
« 27 Juin 1698. — On a posé la première pierre du
dortoir des infirmeries. Le marquis de Montécler, bienfaiteur insigne du couvent, n'a pu assister à la cérémo-

à Paris, le 25 août 1662, Armand-Charles de Mazarin, duc de Mayenne, vendit à Jean Viel de Torbéchet « la charge de juge civil et maire perpétuel de
« Mayenne pour la somme de 60.000 # , avec faculté audit de Torbéchet ou à ses
« héritiers de pouvoir disposer de ladite charge en faveur d'une personne ca-
« pable ». Viel fut installé dans ses fonctions le 9 septembre suivant. Il succé-
dait à Pierre-André d'Andigné qui avait résigné ses fonctions purement et
simplement.

Les héritiers de Jean Viel cédèrent l'office de juge civil, pour 22.000 # , à Gil-
bert-René de Chapedelaine, par contrat devant Esnault, notaire à Mayenne,
en date du 2 novembre 1706.

Par traité passé devant Reinaul et Péan, notaires au Châtelet de Paris, le 17
février 1726, Paul-Jules de Mazarin et Guy-Paul-Jules de la Meilleraie, son
fils, « rendirent héréditaire la charge de juge civil » possédée par de Chapedelaine et « renoncèrent à pouvoir rentrer dans cette charge, à moins de payer
audit Chapedelaine ou à son successeur, en espèces d'or ou d'argent, la somme de 28.000 # (sic), qui avait été versée par ledit Chapedelaine pour le prix
de l'acquisition de l'office ». Ce traité fut ratifié devant les mêmes notaires le 26 décembre 1726.

nie. On a fait également le chauffoir, le cloître et les chambres des garçons.

« 1706. — Le vent a déraciné beaucoup d'arbres, a emporté la cloche de l'horloge du couvent dont le timbre a été brisé (Janvier 1706).

« 1757. — La façade du couvent, du côté du jardin, a été refaite, et la première pierre a été posée par M. Jean-René Tanquerel, notre père syndic, M. de Maisons, président de la Barre ducale (1) et M. Deschamps, le cadet, prêtre. On y a joint une plaque commémorative, de plomb, sur laquelle est écrit :

D. O. M.

P. H. P. L. D. J. de T. ad. R. C. S. D. de M. S. M. S.
J. D. F. des C. S. et P. A. R. S. T. P. T. G.
A. D. 1757. 24 M.

Deo optimo maximo.

Posuerunt hunc primum lapidem dominus Joannes de Tanquerel, advocatus, regii commissarii subdelegatus, dominus de Maisons, senatûs meduanensis supremus judex, dominus Franciscus des Champs, sacerdos, et pater Augustinus Redonensis, sacræ theologiæ professor, tunc guardianus.

Anno Domini 1757. 24 maii.

« 1766. — La foudre tomba sur le couvent le 29 Juin 1766 et causa de grands dégats à la toiture.

Pour compléter ces quelques notes sur les travaux faits aux immeubles du couvent, il nous reste à parler

---

(1) Les provisions de l'office de juge civil de la Barre ducale, vacant par la démission volontaire de René de Bazogers, sieur de Grazay, en date du 27 mars 1744, furent accordées par les tuteurs « honoraire et onéraire » de Louise-Jeanne de Durfort, duchesse de Mazarin et de Mayenne, à Jacques-François Lefrère, écuyer, sieur de Maisons, le 16 mai 1746.

de l'intérieur de la chapelle et de son modeste mobilier.

« 1648. — Les saints de l'ordre sont peints sur des toiles couvertes d'anciennes images et découpures rompues, déchirées et par lambeaux, et cela s'est fait pour 34*tt* avec quelques autres petits ouvrages qui sont au chœur. Le peintre se nourrissait et fournissait les peintures.

« Il a été fait un pavillon noir, partie d'une jupe de tabis à fleurs, partie de taffetas à fleurs qui coûte un écu l'aune.

« 1652. — On a planchéié le devant de l'autel et on l'a accru en avançant le rateau en la nef de l'église, plus avant qu'il n'était, d'environ quatre pieds, en sorte que le tambour par lequel on entrait du cloître sert d'oratoire, fort commode aux séculiers pour y entendre la messe et le service divin.

« 1657. — L'horloge a été faite. La façon de son timbre a été donnée par M. le Curé de Brecé.

« 1665. — On a donné au couvent l'image de Notre-Dame, de la chapelle de la Vierge, et les religieuses du Calvaire en étoffèrent la niche.

« 1673. — Plusieurs tableaux ont été faits par Renard, peintre, demeurant à Malicorne : 1° au grand autel, une toile représentant une Trinité ou un Père éternel montrant son fils mort pour le salut des hommes, une Vierge affligée au bas, un saint François en contemplation du mystère ; 2° une Sainte-Famille de Jésus ; 3° un tableau pour la chapelle des infirmeries avec son dais. Ces tableaux ont coûté, le premier 200*tt* rendu au couvent, le second 60*tt* et le troisième 50*tt*.

« Ces deux dernières toiles ayant été trouvées trop chères, le P. Esprit du Mans, prédicateur, ami du peintre, lui demanda une Salutation angélique, par don. Il l'a promise en deux petits tableaux, pour mettre aux deux

côtés du tabernacle, quand il n'y aurait point de pavillon ».

« Les corniches des tableaux ont été ordonnées par
Coulon, menuisier, fort habile et honnête homme. »

Les capucins firent venir de Paris, en 1682, un tableau,
du prix de 100^{tt}, pour l'un des bouts du réfectoire.

Les religieuses du Calvaire donnèrent au couvent, en
1698, un très beau voile blanc, brodé de fleurs de soie et
de fils d'or et d'argent, « en reconnaissance de ce que le
« P. gardien, Ange de Laval, avait été leur confesseur
« pendant un certain temps ».

Un « voile de brocart, en fond argent avec fleurs d'or
« et de soie », fut donné par les religieuses du même
couvent, le 10 août 1711.

On décora la chapelle, en 1671, de tableaux sur
lesquels étaient peints saint Joseph de Léonisse, saint
Félix de Cantalice, saint Bernard de C... ; en 1677, de
quatre tableaux, dont deux représentaient saint Pierre
et sainte Madeleine et les deux autres « un Jésus et une
Vierge de compassion. »

L'autel principal de la chapelle des Capucins fut privilégié pendant un certain nombre d'années. Une bulle
d'Innocent X, du 12 mars 1649, déclarait « ce grand
« autel privilégié pour la délivrance d'une âme du pur-
« gatoire, à chaque messe qui s'y dirait le jour de la
« commémoration des morts, pendant toute l'octave et
« tous les lundis ». Mais ce privilège n'était accordé
que pour 7 ans seulement.

Il y avait aux Capucins un autel consacré à saint Laurent de Brindes, et l'on s'y rendait en pèlerinage. Le gardien eut le projet de le supprimer, mais il y renonça « à
cause de l'affluence de monde qui y venait en voyage ».

L'annaliste du monastère donne parfois quelques
notes sur des faits étrangers. Il écrit en 1660 :

« L'on a commencé, cette année, à bâtir le palais
« (l'hôtel de ville actuel) en face des halles ». Celles-ci
occupaient, en effet, le milieu de la place Louis-de-
Hercé [1].

« Les halles ont été transportées dans l'étang de Bau-
« dais qui a été rempli », c'est-à-dire sur la place
actuelle des Halles [2].

« M. le cardinal Mazarin, duc de Mayenne, est mort
« le 9 mars. Pour le repos de son âme, on a fait des ser-
« vices dans toutes les églises et particulièrement dans
« la paroissiale, où l'on a dépensé 1.500$^{\sharp}$ ».

---

[1] La place Louis-de-Hercé était appelée précédemment « place de la
« Mairie » et, au xviiie siècle, « place inférieure du Palais ».

[2] L'étang, dit du Château, qui se trouvait au-dessous de la place des
Halles, par conséquent au-dessous de l'ancien étang de Baudais, ne fut
supprimé qu'en 1788. (V. Délibération de l'Hôtel-de-Ville, du 28 décembre
1787)

CHAPITRE III

—

Conflit entre les provinces capucines de Touraine et de Bretagne. — Ressources des Capucins ; dons et legs. — Difficultés entre le couvent et du Bois-Motté, curé de Notre-Dame de Mayenne. — Mesures rigoureuses prises par les évêques du Mans.

Le couvent des Capucins de Mayenne fit successivement partie des trois provinces capucines de Paris, de Tours et de Bretagne.

Au 25e chapitre de la province de Paris, du 24 janvier 1610, on ajouta Mayenne à cette province, mais les monastères de l'ordre se multipliant beaucoup, il fut formé de la custodie de Touraine une province de ce nom, qui comprit les couvents du Maine, de la Bretagne, de l'Anjou et du Poitou.

Une nouvelle division s'imposa quelques années après, par suite du nombre croissant des maisons, et un décret du P. général, Jean-Marie de Noto, du 19 mai 1629, sépara la Touraine en deux provinces, l'une dite de Tours, l'autre de Bretagne dont nous allons indiquer les établissements d'après leur ordre de fondation.

On réservait à la Touraine les couvents d'Orléans, Bourges, Blois, Angers, Tours, Nevers, Chinon, Vendôme, Saumur, Poitiers, Angoulême, Vierzon, Châtellerault, Niort, Saint-Maixent, Gien, Beaugency, Fontenay, Saint-Aignan, Loudun, Romorantin, la Châtre, Parthenay, Luçon, Marans, La Flèche, La Rochelle,

Loches, Thouars, Issoudun, Saint-Jean-d'Angély, l'Isle-de-Ré et Châteauroux. La ville de Tours était désignée comme chef-lieu de la province.

Il fut attribué à la province de Bretagne les couvents de Nantes, Baugé, le Mans, Rennes, Mayenne, Château-Goutier, Morlaix, Saint-Malo, Quimper-Corentin, Laval, Machecoul, Auray, Saint-Brieuc, Vannes, Guingamp, les Sables, Le Croisic, Roscoff, Dinan, Lannion. Cette province eut Rennes pour chef-lieu.

Les couvents de Nogent-le-Rotrou, d'Alençon, d'Argentan et de Mortagne au Perche, qui ne figuraient pas dans les attributions qui précèdent, furent réunis à la province de Normandie.

Le dernier chapitre de Touraine, tenu avant le partage, eut lieu au Mans, en 1628, et l'on y vit une procession de deux cents capucins.

Par suite de la division qui vient d'être indiquée, les religieux se trouvèrent répartis entre chaque nouvelle province de la manière suivante :

PROVINCE DE TOURAINE

	Prédic.	Prêtres	Clercs	Lais.	Totaux
Anjou..............	27	48	25	21	121
Orléans et Berry.	33	83	69	65	250
Poitou	9	18	16	16	59
Touraine.........	3	14	6	14	37
Foreins (sic).....	4	17	5	9	35
Totaux........	76	180	121	125	502

PROVINCE DE BRETAGNE

	Prédic.	Prêtres	Clercs	Lais.	Totaux
Bretagne.........	45	77	61	49	232
Maine..........	17	45	24	20	106
Totaux........	62	122	85	69	338

Le dédoublement de la province de Touraine donna lieu à quelques désordres.

Les capucins de Bretagne reprochaient au général Jean-Marie d'avoir attribué à la Touraine beaucoup plus de couvents qu'à la Bretagne et en manifestaient hautement leur contrariété.

En 1632, le P. Pascal d'Abbeville, parcourant la province de Bretagne en qualité de « visiteur général », réunit à Saint-Brieuc les gardiens des monastères de la Basse-Bretagne, « pour pacifier le grand trouble que ce « reproche des nations avait causé dans la province ». Il ne réussit pas dans son entreprise, et l'année suivante, le 9 septembre 1633, des voix s'élevèrent pour protester ouvertement contre la manière dont le partage de 1629 avait été fait.

Quinze ans après, le mécontentement était encore aussi vif.

En 1648, le général Innocent de Cataleyerone, étant venu en Bretagne visiter quelques couvents, le P. Joseph de Vitré en profita pour lui présenter une carte des deux provinces de Bretagne et de Touraine, que le P. Balthazar de Bellême lui envoyait et lui dédiait. « On y voyait clairement, écrivait ce dernier, la grande « inégalité et injuste division ; laquelle (carte) le P. « général eut fort agréable à voir pour s'en servir et « réparer le tort qui avait été fait à la Bretagne ».

Bientôt, « l'injustice fut réparée ». Innocent de Cataleyrone réunit à la province de Bretagne, par décret daté de Nantes du 24 avril 1648, les couvents de La Flèche, Baugé, Fontenay, les Sables, Luçon et Marans. Les définiteurs des deux provinces acquiescèrent à cette division, mais au chapitre tenu à Tours, au mois de septembre suivant, « les vocaux de Touraine en appe- « lèrent ». Ils protestaient contre cette distraction qu'ils considéraient comme irrégulière et s'appuyèrent sur l'effet suspensif de leur appel pour nommer des gardiens aux couvents détachés de Touraine. Le général ne confirma pas ces nominations. D'un autre côté, les gardiens de Bretagne, désignés pour les six postes nouveaux de la province, ne purent entrer en fonction malgré un arrêt du Conseil privé du roi.

Le provincial de Touraine, Michel de Nevers, dirigeait cette résistance. Un commissaire fut envoyé près de lui par le général pour l'inviter à exécuter, sous peine d'excommunication, le décret de Nantes : il essuya un refus. L'élection de Michel au provincialat n'avait été obtenue qu'à l'aide de brigues qu'on découvrit sur ces entrefaites. L'annulation en fut prononcée avec interdiction de tenir chapitre, puis le P. général désigna pour provincial de Touraine le P. Sylvestre de Reims et pour custodes les PP. Louis de Champigny et Claude de Bourges.

Michel de Nevers et les pères qui le soutenaient, « les rebelles », comme on les nommait, appelèrent comme d'abus et, malgré les défenses du pape, du roi et du général, tinrent à Blois, en février 1650, un chapitre où ils choisirent : 1° pour provincial de Touraine, Jean-François Séverin ou Sevin ; 2° et pour définiteurs les PP. Yves de Nevers, Gilles de M..., Raphaël de Nevers et Hilaire de Poitiers.

Le chapitre général annula cette assemblée de Blois, qu'il regarda comme un conciliabule, et le Parlement se prononça dans le même sens.

En 1651, les Pères de Touraine ne tinrent pas de chapitre. Quelques capucins de cette province la quittèrent pour se rendre en Bretagne « à cause de la rébellion que « les Pères Michel et Yves de Nevers avaient excitée « contre le Saint-Père et contre le Très-Révérend Père « général ».

Dans les premiers jours de l'année suivante, le P. Fortuné de Cadore, successeur au généralat d'Innocent de Cataleyrone, vint en Touraine, et les capucins ne voulurent pas le reconnaître pour général. Ce mauvais accueil l'impressionna. Intimidé, d'un autre côté, par le garde des sceaux Mathieu Molé, il céda à la pression qu'on exerçait sur lui et rendit à Poitiers, le 13 janvier 1652, un décret qui annulait celui de Nantes et rendait ainsi à la Touraine les six couvents qui en avaient été enlevés. De plus, il confirmait le chapitre irrégulier tenu à Blois deux ans auparavant.

Après cette défection du P. Fortuné, les capucins de Touraine l'accueillirent avec empressement, lui reconnurent la qualité de général et obtinrent de tenir chapitre à Orléans, le 19 avril suivant.

Le pape, par un bref du 23 mars, déclara nul le décret de Poitiers, défendit au général de réunir le chapitre, le suspendit de son office et le cita à Rome pour y rendre compte de son peu de justice et de courage. Il était également défendu aux Pères de Touraine de se réunir en chapitre.

Le Père Fortuné obéit et partit pour l'Italie, mais les rebelles de Touraine ne se soumirent pas. Malgré l'injonction du Souverain-Pontife et les censures qu'ils devaient encourir, ils se réunirent à Orléans et, dans le chapitre qui y fut tenu, choisirent : 1° pour provincial Jean-François Sevin ; 2° pour définiteurs les PP. Adrien du Lion-d'Angers, Charles de Niort, Ambroise de Rennes et Charles de Chinon. Il se produisit dans ce chapitre des dissidences graves entre ses membres. Plus de vingt vocaux refusèrent de délibérer, et, quelques jours après, environ quatre-vingts religieux partirent de Touraine pour la Bretagne. L'étude d'Orléans vint à Laval avec son lecteur, le P. Esprit de Tours, qui y mourut le 9 août 1652.

A Rome, on se saisit de toute l'affaire, et les capucins de Touraine et de Bretagne y furent convoqués. Les PP. Romain de Saint-Brieuc et Augustin de Rennes y représentèrent la Bretagne. Les capucins de Touraine se demandèrent s'ils devaient se rendre à la citation qui leur était donnée et se divisèrent à cet égard. Une partie y obéit et délégua pour mandataires les PP. Louis de Baugé, Clément de Bourges et Claude d'Orléans. Un groupe d'intransigeants, le P. Sevin et ses partisans, refusèrent nettement de se rendre en Italie, « quoiqu'ils « eussent obédience et sauf-conduit à cet effet ». Bien plus, tandis qu'on examinait à Rome le différend, ils tinrent un troisième conciliabule à Angers, en novembre 1653. On y élut : 1° pour provincial le P. Jean-François Sevin ; 2° pour définiteurs les PP. Yves de Nevers, Raphaël de Nevers, Hilaire de Poitiers et Charles de Niort.

Un bref du pape, du 20 janvier 1654, annula ce nouveau conciliabule comme ceux de Blois, de 1650, et d'Orléans, de 1652, ordonna l'exécution du décret de Nantes et nomma pour commissaire général apostolique à fin d'exécution le P. Claude de Bourges. Un arrêt du Conseil d'Etat, du 10 juin 1654, approuva le bref. Le P. Claude visita alors la Touraine et décida qu'il serait tenu un chapitre régulier à Orléans, le 23 avril 1655. Il y eut encore quelques vélléités de résistance, mais les pères insoumis se trouvèrent en trop petit nombre pour continuer la lutte. La force publique allait, du reste, les faire rentrer au besoin dans le devoir, et ils le savaient.

Les religieux, dispersés par cette tempête, rentrèrent dans leurs monastères respectifs et le P. provincial de Bretagne prit possession des couvents annexés, au cours du mois de janvier 1655, savoir : de La Flèche, le 10 janvier, de Baugé le 15, des Sables le 24, de Luçon le 26, et de Marans le 31. Le couvent de Fontenay résista encore durant quelques jours, mais enfin se soumit le 14 mars suivant.

Au chapitre d'Orléans, on désigna : 1° pour provincial le P. Claude de Bourges : 2° pour définiteurs les PP. Louis de Champigny, Pierre de Poitiers, Louis de Baugé et François d'Orléans.

La lecture des Annales du couvent de Mayenne nous initie à quelques détails de la vie des pères, à leurs ressources, à leurs travaux, à leurs difficultés.

Le P. gardien, Fabien de Rennes, nota durant son séjour à Mayenne quelques-unes des prédications de ses religieux et le produit des quêtes faites à cette occasion.

En 1750, les capucins reçoivent, durant les exercices de l'Avent, à : Gorron, 100^{tt} ; Notre-Dame de Mayenne, 91^{tt} ; Ernée, 136^{tt} ; Evron, 178^{tt}14^{s} ; Châtres, 35^{tt}2^{s}9^{d} ; Mézangers, 49^{tt} ; Domfront et Saint-Front, 162^{tt}9^{s}.

En 1751, le Carême rapporte : à Notre-Dame de Mayenne, 125^{tt} ; à Gorron, 200^{tt}. L'Avent de la même année produisit à Lassay, 101^{tt}4^{s} ; à Notre-Dame de Mayenne, 71^{tt}6^{s}. Pour une mission donnée dans cette dernière paroisse la fabrique paya 125^{tt}.

Les honoraires des messes sont peu élevés, de 10 sous chacune.

Le P. Cosme de Fougères, gardien de Mayenne, s'engagea ainsi que le couvent, en 1638, à célébrer « 200 « messes à la mort de Mme Thoumin, pour 100^{tt} » dont elle faisait l'avance.

En 1687, un neveu du P. Modeste de Mayenne, qui avait été conseiller en Bretagne, envoie 250^{tt} pour la célébration de 500 messes. Il recommande à sa femme de donner, pendant dix ans, aux capucins de Mayenne 10 écus, chaque année, pour la rétribution de 60 messes.

Par son testament du 25 juillet 1694, devant René
Esnault, notaire royal à Mayenne, René Boullant, sieur
de la Boufferie, marchand, demeurant à Ceaucé, légua
« aux RR. PP. capucins de Mayenne la somme de 620ᵗ,
« pour qu'ils aient la bonté de dire à son intention
« douze-vingt messes, le plus tôt que faire se pourra... »

La fabrique de l'église Notre-Dame de Mayenne
devait, chaque année, au couvent « un escu de 3ᵗ, à la
« Sainct-François, porté pour la fondation de la messe
« que les prêtres de la paroisse allaient chanter dans
« leur église ce susdict jour ».

Des personnes charitables viennent en aide au couvent.

Jusqu'en 1641, les capucins avaient été entretenus de
bois de chauffage par les propriétaires du pays, mais
leurs charités n'étaient pas régulières, et lorsqu'un bienfaiteur venait à mourir, il ne se trouvait pas toujours
remplacé à temps pour empêcher la pénurie du couvent. Les religieux sollicitèrent le droit d'affouage
dont jouissaient les officiers de la ville dans la forêt
de Mayenne. Il leur fut gracieusement octroyé, le 28
janvier 1642, par « Marie et Anne de Gonzague, princesses
« de Mantoue et de Montferrat, duchesses de Nivernois,
« Maienne et Rethellois. »

Le duc de Mazarin passa le carême de 1687 à Mayenne
et témoigna beaucoup d'affection et de confiance aux
capucins, leur fit l'aumône et les invita à sa table. Le
P. Tiburce, gardien du couvent à cette époque, écrivait :
« Il faut ménager les bonnes grâces de ce seigneur et
« faire effort d'obtenir de lui qu'il nous redonne le pou-
« voir de prendre du bois dans la forêt, comme les prin-
« cesses nous l'avaient accordé ».

En 1647, Charles Herbelin, curé du Horps, vint faire
ses dévotions au couvent le jour de la fête de Saint-

François et donna aux religieux un calice doré et ciselé, « estimé au moins 50 escus'», à la condition qu'il servirait au monastère.

« Thoumin de la Varie commença, le 15 août 1668, à « fournir l'huile de la lampe allumée devant le Saint-« Sacrement ».

Plusieurs prêtres furent les bienfaiteurs du couvent.
C'est à ce titre que Charles Legros, curé de Notre-Dame de Mayenne, demanda à être enterré dans leur église, en habit de capucin.

Le P. Tiburce, gardien de Mayenne, rédigeait, en 1687, la note nécrologique suivante, sur un des amis défunts du couvent :
« Le mercredi, 30ᵐᵒ jour d'avril 1687, fut inhumé en « notre église, feu discret et vénérable Jacques Hoyau, « natif du Mans, prêtre, docteur de la Société de Navarre « en la faculté de Paris, curé du Grand-Oisseau, qui, « pendant vingt-trois ans qu'il a gouverné cette paroisse, « a vécu en digne pasteur et insigne bienfaiteur de ce « couvent, ayant grand soin de nous faire nos quêtes. Il « nous donnait tous les mois des miches et nous faisait « d'autres charités. Il a obtenu la permission du T. R. P. « Bernard du Port-Saint-Maurice, général de l'ordre, d'être « enterré chez nous (au couvent de Mayenne). Il me fit « une confession générale, huit jours avant sa mort. Il a « donné 600 messes à dire aux Capucins, savoir : 200 à « chacun des trois couvents de ce diocèse. Il nous a « laissé ses livres par testament : on dit qu'ils valent « 200 escus ou plus. Je fis son oraison funèbre à la grande « église de Mayenne, où son corps fut apporté en belle « cérémonie. Il y avait quantité de prêtres et curés, la « justice en corps et une infinité de peuple. La messe « étant dite à Notre-Dame, le doyen, curé d'icelle,

« appelé M. Durand, fit conduire processionnellement
« le corps du défunt à la grande porte de notre enclos,
« où je l'attendais à la tête de tous nos religieux. Il me
« rendit témoignage que M. Hoyau était mort en bon
« catholique. Je le priai de venir jusque dans notre
« église chanter un *libera*, ce qu'il fit. Après, je célébrai
« la messe et il se retira avec ses prêtres et ceux de la
« campagne, et ne furent présents à la sépulture que je
« fis. Il est enterré sous le crucifix, à la sortie de la porte
« du balustre où l'on mettra une petite tombe de mar-
« bre. Requiescat in pace. »

Le couvent eut joui parfois d'une certaine aisance,
mais quelques gardiens, quoiqu'excellents religieux,
n'avaient aucun talent d'administration.

Lorsque le P. Augustin de Rennes fut nommé gardien
de Mayenne, en 1756, il trouva le monastère endetté. Son
prédécésseur manquait d'ordre et d'économie, ne faisait
pas de réparations et avait laissé la maison sans aucunes
provisions. Le nouveau supérieur dut emprunter 2.000 ^{tt}
à Lemaître, docteur en médecine, pour acheter
les plus urgentes. Dans ce nombre, nous trou-
vons : « 500 livres de beurre à 36 ^{tt} le cent ; 6 pipes de vin
« valant ensemble 500 ^{tt} ; 300 livres de morue à 46 ^{tt} le
« cent. »

De 1708 à 1711, les religieux s'étaient privés de vin parce
qu'il eût fallu le payer extrêmement cher. Lorsqu'il repa-
rut au réfectoire, la ration fut diminuée de moitié.

Aux souffrances physiques, imposées par la règle, et au
défaut de ressources, venaient s'ajouter, au couvent de
Mayenne, des difficultés de tout genre.

Les fils de Saint-François étaient des lutteurs achar-
nés contre l'hérésie de Jansénius et se firent quelques
ennemis parmi les bourgeois de Mayenne, qui comptaient un certain nombre de sectaires.

« Le lundi, 26 avril 1660, dit le chroniqueur du cou-
« vent du Mans, la nouvelle classe de cette ville fut
« étrennée par une belle dispute *de gratiâ*, où assistè-
« rent les RR. PP. Joseph de Morlaix, gardien de Nantes,
« et Archange de Rennes, gardien du Mans : le R. P.
« Denis de Mayenne, le P. Accurse de Châteauneuf,
« soutenant ; les PP. Elisée de Saint-Brieuc et Joseph de
« Lamballe, argumentant » [1].

Aucun des religieux de Mayenne n'hésita à signer « le
« formulaire de foi » suivant, que leur envoya, en 1661,
Philibert-Emmanuel de Beaumanoir de Lavardin,
évêque du Mans :

« Je me soumets entièrement à la constitution du
« pape Innocent X, du 31 mai 1653, selon son véritable
« sens qui a été déterminé par la constitution de Notre
« Saint-Père le pape Alexandre VII, du 6 octobre 1656.
« Je reconnais que je suis obligé en conscience d'obéir à
« ces constitutions et je condamne de cœur et de bou-
« che la doctrine des cinq propositions de Cornélius
« Jansénius, contenue dans son livre intitulé Augusti-
« nus que ces deux papes et les évêques ont condamnée,
« laquelle doctrine n'est point celle de saint Augustin,
« que Jansénius a mal expliquée contre le vrai sens de
« ce docteur ».

Les capucins eurent alors de nombreuses difficultés
avec Jacques du Bois-Motté, curé de Notre-Dame de
Mayenne, archidiacre du Passais, janséniste intelligent
et instruit, mais audacieux, avide de richesses et d'honneurs, simoniaque, d'improbité notoire, de mœurs fort
suspectes et soupçonné de l'empoisonnement de l'un
de ses confrères. Grâce à l'intrigue et à la bassesse,
il devint plus tard grand vicaire de l'évêque du Mans.
On l'accusa notamment de s'être permis au tribunal de

[1] V. *La Semaine des Fidèles du Mans*, 24ᵉ année, page 112.

la pénitence des questions indiscrètes, « qui en auraient
« rendu l'usage si odieux, qu'il se serait passé des fêtes
« de Pâques, sans que beaucoup d'habitants aient pu se
« résoudre à se confesser... » Ce sont les termes d'une requête que Jean Broust, prêtre, promoteur de l'officialité du
Mans, présenta, en 1684, au chapitre de la cathédrale. La
crainte que du Bois-Motté inspirait à Mayenne, détournait
de lui la majeure partie de la population, qui ne voulait
pas l'avoir pour confesseur et s'adressait aux capucins.
Il en conçut contre eux une véritable haine : celle-ci se
manifesta tantôt ouvertement, tantôt sournoisement, et
tous les moyens furent employés par lui pour faire naître des scrupules dans l'âme des personnes qui se con-
fessaient au couvent. Un paroissien, disait-il, doit aller
à confesse, au moins une fois l'an, « à son propre prêtre »,
durant le temps pascal, conformément aux prescriptions du quatrième concile de Latran, puis il commentait
à sa manière ces termes « à son propre prêtre », aidé
de « sa cabale » composée d'ecclésiastiques besoigneux
et ambitieux, et arrivait à inquiéter les consciences
timorées.

En 1666, le P. Cosme, gardien de Mayenne, finit par
réfuter du haut de la chaire les propos et les discours
du curé et de ses partisans. Il soutenait que leurs affir-
mations étaient erronées et que les confessions faites à
lui et à ses religieux étaient parfaitement valides.

La question avait été controversée. Que devait-
on entendre par « propre prêtre du pénitent » ?
S'agissait-il d'un prêtre de son choix ou de son curé ? Du
Bois-Motté n'hésitait pas à dire que, dans la quinzaine de
Pâques, les paroissiens devaient leur confession à leur
curé et que tout autre prêtre n'était pas qualifié pour
la recevoir. Il ne pouvait pourtant ignorer que cette
interprétation avait été condamnée par les papes Alexandre IV et Jean XXII. Peu d'années après, Clément X

s'était encore élevé contre cette erreur, en déclarant que tous les prêtres, approuvés par l'évêque pour confesser dans leur diocèse, pouvaient recevoir les pénitents, même au temps pascal, sans la permission de leur curé. Saint Bonaventure et saint Thomas disaient avec raison que celui qui se confessait à l'évêque, ou à un prêtre délégué par lui, se confessait à son propre prêtre « proprio sacerdoti ».

Les prétentions de du Bois-Motté et les déclarations du P. gardien jetèrent le trouble dans la ville. Une assemblée des habitants fut réunie et décida qu'on s'adresserait aux supérieurs des capucins « pour avoir la liberté de se confesser au couvent, comme de coutume ». La réponse ne se fit pas attendre. Le P. Timothée, provincial, et les définiteurs autorisèrent les Pères de Mayenne « à confesser tout le monde indifféremment. »

Du Bois-Motté monta alors en chaire. Il prêcha publiquement qu'il y avait obligation de se confesser à lui-même. Les bourgeois de la ville se réunirent de nouveau et écrivirent à l'évêque qui répondit « que les confes-« sions faites aux capucins étaient bonnes et valides, « qu'on avait pu et qu'on pouvait désormais se confesser « dans leur église, sans que le curé pût en demander le « motif », mais il ajoutait « que les paroissiens devaient, « dans la quinzaine de Pâques, obtenir du curé la « permission de s'adresser à un prêtre étranger et que « celui-ci ne pourrait les recevoir qu'en voyant cette « permission. » En somme, l'évêque approuvait du Bois-Motté. Il interprétait étroitement les termes du concile.

Trois ans après, en 1669, le curé et les capucins firent la paix. Il fut convenu verbalement que ces religieux « ne seraient dorénavant troublés, en façon quelcon-« que, dans leurs missions et qu'ils confesseraient indiffé-« remment toutes sortes de personnes saines et malades, « même dans la quinzaine de Pâques, sans aucune obli-

« gation de demander, ni recevoir aucun billet de per-
« mission ». (1)

Les capucins ne conservèrent pas de ressentiment
contre de Beaumanoir qui ne les avait pas soutenus
dans leur démêlé avec du Bois-Motté. L'un d'eux écrivait : « Messire Philibert-Emmanuel de Beaumanoir est
« mort au mois d'août de cette année (1671), à Paris.
« L'histoire porte qu'étant tombé en faiblesse, deux
« Augustins, passant dans la rue, survinrent, et quand
« il fut revenu à lui, l'avertirent de se préparer à la mort
« qui était proche. Il se confessa à l'un d'eux, reçut le
« viatique et l'extrême-onction et mourut incontinent,
« récompensé de l'affection qu'il avait eue pour tous
« les religieux ».

Le nouvel évêque du Mans, Louis de la Vergne de Montenard de Tressan, étant venu à Mayenne en 1672, pour la
première fois, émit, pendant son séjour, la prétention de
faire la visite du tabernacle et des confessionnaux de la
chapelle des capucins. Ils s'y refusèrent parce qu'ils ne re-
levaient pas de l'ordinaire. Pour les punir de leur résistance, l'évêque leur interdit la confession et la prédication
dans tout le diocèse, et, sur son ordre, les confessionnaux
furent enlevés de la chapelle. Du Bois-Motté n'avait
probablement pas été étranger à cette mesure excessi-
ve. La défense ne fut levée qu'en 1675 pour Mayenne et
encore à la condition que les confessionnaux ne seraient
pas remis, en sorte que les religieux confessèrent pen-

(1) Les Constitutions des capucins leur interdisaient de recevoir les confessions des fidèles. Dès 1618, le roi de France avait fait faire à Rome les
plus vives instances pour obtenir que le pape leur ordonnât de confesser :
elles demeurèrent inutiles. Ce ne fut qu'en 1635 que Clément XII dérogea,
sur ce point, aux Constitutions de ces religieux et leur permit la confession.
(*Bullarium Capucinorum*, tom I. — *Archives du Ministère des Affaires étrangères*. Rome, corresp. 25 et 26. — Ambassade de Marquemont, archevêque
de Lyon. — *Les Capucins de Mortagne*, par le R. P. Edouard d'Alençon).

dant cinq ans, de 1678 à 1683, assis sur des chaises. Le P. général ne toléra pas plus longtemps cette manière de confesser, qui n'était pas en usage dans le pays et répugnait à certaines personnes.

Du Bois-Motté, de son côté, en était encore revenu à son droit exclusif de confession pendant la quinzaine de Pâques et se brouilla de nouveau avec les capucins, parce qu'en 1677 le P. Antoine de Rennes, qui prêchait le carême et l'avent à Notre-Dame de Mayenne, avait dû réfuter les erreurs d'interprétation que le curé recommençait à commettre.

L'interdiction de prêcher, dont furent frappés de nouveau les capucins, devenait intolérable et ils firent, en 1681, les plus grands efforts pour recouvrer leur liberté. Du Bois-Motté venait d'être nommé grand vicaire du Mans. On le fit solliciter indirectement de prêter son appui à la levée de l'interdiction et il répondit astucieusement qu'il s'emploierait de son mieux auprès de sa Grandeur en faveur des religieux. Dans cet espoir, le gardien de Mayenne se rendit au Mans, alla présenter ses respects à l'évêque et vit du Bois-Motté, qui lui remit un modèle de requête à adresser à l'évêché, en lui recommandant de n'en changer aucun des termes. C'était un piège, et il était grossier. Par cette requête les capucins sollicitaient la permission de « prêcher, de confesser et de quêter ». Les supérieurs de la province assemblés acceptèrent les termes de la supplique, sauf en ce qui concernait la permission de « quêter », car c'était un droit qui leur appartenait et dont ils pouvaient user sans l'agrément de l'évêque. Si les capucins s'y fussent soumis, on aurait pu du jour au lendemain retirer à ces religieux la majeure partie de leurs moyens d'existence. D'un autre côté, c'eût été contrevenir aux Constitutions de l'ordre à cet égard. Le

refus de signer la requête sur ce point, ce que prévoyait
le grand vicaire, lui permit de retirer l'appui promis.
L'évêque ne consentit pas à accueillir favorablement, en
leur entier, les deux autres demandes. Il répondit qu'il
souffrait que les capucins de Mayenne prêchassent dans
les églises où ils étaient appelés et que ceux d'entr'eux,
choisis nominativement par lui, pussent y confesser.
C'est ainsi que le P. Tiburce de Mayenne, gardien du
couvent, prêcha avec son autorisation le Carême de
1681, à Martigné.

Le duc de Mazarin vint à Mayenne, en 1683, quelques
jours après Pâques, « fut harangué par les capucins »
qui l'entretinrent ensuite de leurs difficultés avec l'évêché[1]. Il les reçut avec bienveillance, leur conseilla
d'écrire à du Bois-Motté. Le P. gardien le fit et disait à
propos de sa lettre : « Je l'ai envoyée et n'ai point reçu
« de réponse, ce qui est une marque que Monsieur du
« Bois-Motté souhaitait quelqu'autre chose, mais il n'est
« pas expédient de lui accorder tout ce qu'il demande ».
Ce « quelqu'autre chose » consistait évidemment en un
pot de vin, en espèces sonnantes. Quand on sait, par la
requête du promoteur de l'officialité dont nous avons
parlé, qu'il s'était fait payer un excat 150^{tt}, on ne peut
en douter.

Enfin, trois mois après, l'évêque leva toutes les défenses faites aux capucins de Mayenne. « Ils pouvaient
« confesser dans toutes les églises de Mayenne et dans

---

(1) Les capucins ne manquaient aucune occasion de rendre leurs devoirs
aux personnages de distinction qui venaient à Mayenne. Le gardien, Léon
de Laval, écrivait en 1693 : « Philippe de France, frère unique de Louis-le-
Grand, passa ici au commencement de juin, pour aller former un camp du
côté de Vitré, afin de résister aux ennemis qui s'étaient vantés de faire une
descente sur les côtes de Bretagne. Il reçut très favorablement les capucins
qui allèrent le complimenter. Les ennemis n'ayant osé paraître, il retourna à
Paris et passa par Mayenne environ la mi-août ».

« toutes celles de la campagne où ils seraient demandés
« et faire des missions ».

Il y avait au couvent, à cette époque, une vingtaine
de religieux.

La province de Bretagne comptait, dès 1650, 27 couvents dont 3 études, 2 noviciats, 144 prédicateurs, 186
prêtres, 58 clercs, 126 lais, au total 514 membres [1].

De Tressan témoigna rarement quelque bonté aux
capucins. Il subissait aisément l'influence des grands
et réservait son indulgence aux jansénistes ; nos religieux ne pouvaient donc être vus par lui d'un bon œil.
Nous ne savons pour quel motif il leur défendit, en
1708, d'exposer le Saint-Sacrement dans leur chapelle
et leur interdit toute confession et toute prédication. Le
chapitre des capucins s'étant réuni à Mayenne, à la fin
d'août de cette année, il ne put y avoir au monastère
« ni exposition du Saint-Sacrement, ni mission, ni pré-
« dication, monseigneur du Mans ayant refusé toutes ces
« choses ». Il avait pourtant eu, ce semble, pendant
quelque temps, d'assez bonnes relations avec le monastère de Mayenne. En 1695, le P. Léon de Laval,
alors gardien, écrivait : « Monseigneur ayant demandé
« ce qu'il y avait de remarquable dans les archives du
« couvent, pour être inséré dans l'histoire qu'il fait du
« Maine, je lui en ai envoyé une relation ».

(1) En 1650, écrivait le P. Balthazar, les Capucins avaient 47 provinces,
1.419 couvents, 4.620 prédicateurs, 674 prêtres, 2.958 clercs, 7.369 frères lais ;
— les Conventuels, 31 provinces, 7 vicariats divisés en 108 custodies, 1.509
couvents et 30.000 frères ; — les Conventuels réformés, 50 couvents ; — les
Frères de l'Observance, 93 provinces, 5 custodies, 24 vicariats, 127 maisons
aux Indes où l'on enseignait la doctrine chrétienne, 6 collèges, 2 300 couvents, 163,900 religieux comprenant les Déchaussés et les Récollets ; — les
Frères du Tiers-Ordre, 17 provinces, 327 couvents, 3.990 religieux.

Les monastères des religieuses de Sainte-Claire, de la Conception, des
Annonciades et des Capucines dépassaient le nombre de 3.850 et comptaient
plus de 73.900 religieuses.

Le nombre des membres du Tiers-Ordre était considérable.

La lutte entre le clergé régulier et le clergé séculier a
été de tous les temps,

Au milieu du dix-huitième siècle, Charles-Louis de
Froulay, évêque du Mans, frappera aussi d'un interdit
général de confession et de prédication tous les capucins de son diocèse, par suite de l'indiscrétion et de la
malice de quelques personnes. Il voulait assujetir les
capucins à un examen auquel ils refusèrent de se soumettre. De là des difficultés qui n'avaient fait que s'ag-
graver. Profitant, en 1764, de l'entrée dans le Maine du
neveu de l'évêque, le comte de Tessé, qui venait d'en être
nommé lieutenant, le P. Joseph-Marie de Redon, gardien des capucins du Mans, lui adressa un compliment
qui lui plut. Des rapports s'établirent entr'eux, et le
gardien en profita pour l'intéresser au sort de ses frères.
Grâce à cette intervention, de Froulay rétablit les capucins « dans les fonctions de la confession et de la prédi-
« cation, qui leur avaient été interdites six ans aupara-
« vant. »

CHAPITRE IV

SÉVÉRITÉS DE LA DISCIPLINE. — DÉVOUEMENT DES CAPUCINS. — INSULTES ET VIOLENCES D'UN JEUNE LIBERTIN ; INTERVENTION DU GARDIEN DE MAYENNE. — CONSIDÉRATION DONT JOUISSAIENT LES RELIGIEUX. — RÉCEPTIONS FAITES AUX GÉNÉRAUX DE L'ORDRE.

Après avoir lu le chapitre qui précède, on pourrait peut-être penser qu'il y avait chez les capucins de l'insoumission, des abus de leur part ; on se tromperait. Le souci constant de l'application de leur règle et leur zèle pour le salut des âmes avaient seuls dicté leur conduite.

Au 30ᵉ chapitre provincial tenu à Saint-Malo, le 3 juin 1661, le P. Joseph de Morlaix « sacrifia, avec un « très grand exemple, ses intérêts, à l'obéissance et au « bien de la province, renonçant constamment au pro- « vincialat, autres supériorités et gardiennat, sous le « prétexte de ses infirmités et des grands emplois où il « était engagé à cause de son divin et incomparable « talent de prédication. Il ne voulut point se servir d'une « lettre de cachet présentée en plein chapitre par un « envoyé, au grand scandale de la province, qui eut « horreur de cette nouveauté ».

Chez les capucins, les irrégularités étaient poursuivies avec acharnement par les supérieurs. Les avis et prescriptions qui suivent le montreront assez.

A la suite du chapitre du 14 septembre 1618, le provincial de Bretagne écrivait :

Nous ordonnons :

« Que tous les gardiens aient très grand soin d'obser-
« ver et de faire observer, par tous nos frères, en tous les
« couvents, les Constitutions générales de toute la Reli-
« gion et les avis de cette province de France, que de
« nouveau nous confirmons, et particulièrement les ar-
« ticles suivants, auxquels nous avons reconnu avec un
« extrême regret y avoir eu davantage de manquement
« contre notre profession, simplicité et pauvreté ».

Et le provincial ajoute :

« Quand je trouverai à la visite quelque supérieur les
« négliger et ne les faire observer, outre qu'il fera con-
« naître son peu de zèle, je le châtierai rigoureusement
« et requerrai au Chapitre prochain qu'il soit déposé
« honteusement ; et ceux qui me solliciteront à la visite
« de faire contre nos Constitutions et susdits avis, me
« donneront sujet de voir qu'ils n'ont aucun zèle de leur
« profession et même ne connaissent seulement quelle
« est leur obligation.

« Qu'on fasse la sacristie de douze pieds en carré et le
« plancher de neuf pieds en hauteur, sur laquelle on ne
« fera ni chambre, ni cheminée, ni fenêtre sinon d'un
« pied en carré dans le pignon, et ne sera lambrissée ;
« et les armoires seront simples, sans aucune moulure ni
« façon. Et les lavoirs, qui sont déjà faits dans les sacris-
« ties, ne seront changés, ni mis hors des dites sacristies,
« et aux nouveaux couvents qu'on fasse les lavoirs dans
« l'allée sans y faire autre bâtiment.

« Qu'on ne fasse faire des portes aux chambres que
« rabottées, et qu'on n'en fasse faire à panneaux, excepté
« la grande porte de l'église ; et, pour les deux qui sont
« aux côtés de l'autel et celles du chœur, on les fera
« emboîter et rabotter.

« Qu'on ne fasse plus de cheminées aux cuisinots des

« petits couvents dont la famille n'excède pas quinze
« frères.

« Qu'on fasse la charpente des bâtiments le plus bas
« qu'on pourra.

« Qu'on fasse faire les expulsatoires en bas, auprès des
« lieux, mais, de peur qu'on ne voie d'en haut, on les
« couvrira d'un petit balai ; l'entrée se fera par la petite
« allée qui va aux chambres de Saint-Pierre. Pour les
« bâtiments, qu'on se serve de la palme des Constitutions
« anciennes, qui tient huit pouces et demi.

« Qu'on ne fasse plus aux chapelles, ni au grand autel
« des armoires, aux côtés de l'autel.

« Qu'on fasse les linteaux des fenêtres des chambres,
« de bois et non de pierres de taille, tant que faire se
« pourra.

« Qu'on ne fasse plus faire de crucifix à la barre.

« Qu'on fasse faire les cierges seulement de demi-
« livre et sans aucune curiosité, et ceux des pyramides,
« de trois quarterons, et qu'on ôte ceux qui sont déjà
« faits, qui sont curieux. Que là où il faudra recevoir à
« pécune pour avoir des cierges, qu'on prenne de la cire
« jaune et non de la blanche, quoiqu'il ne soit pas
« défendu de recevoir de la blanche, étant donnée pour
« l'amour de Dieu.

« Que les tabernacles, à l'avenir, ne se fassent plus que
« de la hauteur de trois pieds, selon le modèle que l'on
« en donnera ; et, aux lieux où on pourra commodément
« se défaire des grands qui sont déjà faits, on s'en défera,
« soit les rendant à ceux qui les ont donnés, soit les
« donnant aux autres églises où en ôtant ce qu'il y a de
« superflu et les appetissant ou les faisant vendre par le
« syndic apostolique.

« Qu'à l'avenir on ne fasse faire, ni reçoive autres
« pavillons que de camelot ou de taffetas avec de simples
« passements de soie et une frange sans crépines ; et

« qu'on se défasse des autres le plus tôt qu'on le pourra
« commodément, si ce n'est qu'on puisse facilement les
« accommoder, en sorte qu'ils puissent servir sur les
« petits tabernacles, sans qu'il y ait or, ni argent, ni
« crépines, ni bandes, ni tapisseries et broderies. Et
« quant à ceux qui sont dans notre couvent de Rennes,
« où il y a des bandes de broderies, qu'absolument on
« les ôte, sans que jamais ils puissent servir.

« Qu'on fasse les sacristies comme il est dit ci-dessus.

« Pour les calices, à la visite, nous ferons ôter tous
« ceux qui seront trouvés trop excessifs et être contre
« notre simplicité et de même des ciboires, avec défense
« de recevoir, ni faire faire, ni permettre directement
« ou indirectement qu'on fasse des calices ou ciboires
« sans licence spéciale, par écrit.

« Que les voiles ne se fassent que de simples étoffes
« de soie, avec une simple petite croix de soie ou passe-
« ment d'or ou d'argent, et qu'on ne se serve aucune-
« ment de ceux qui sont déjà faits et reçus, s'ils ne sont
« de cette façon. Et ceux qui ne pourront être accom-
« modés, qu'ils soient rendus aux donateurs ou bien
« soient vendus par le syndic apostolique.

« Qu'on ôte les crépines, qui sont aux étoles et mani-
« pules, les franges qui sont autour des chasubles et
« les crépines des parements.

« Qu'on ne fasse plus faire de chasubles blanches de
« camelot, d'autant qu'il est trop cher.

« Qu'on ne reçoive, dans aucun de nos lieux, des
« aubes de toile de Hollande et qu'on ne mette de la
« dentelle au bas, et qu'ès lieux où il y en a, qu'on l'ôte
« et qu'on ne les empèse point, pour quelques fêtes ou
« solennités que ce soit.

« Que les frères, qui ne sont prédicateurs, fassent une
« heure d'exercice tous les jours, si ce n'est qu'ils soient
« employés par le P. gardien pour les nécessités du

« couvent ou de la Religion. Mais les clercs, outre
« l'exercice ordinaire du matin, qu'ils travaillent encore
« une demi-heure après vêpres, et que les frères, qui ont
« la grâce et aptitude de travailler en quelque art ou
« métier, s'y emploient pour le service de la commu-
« nauté, selon qu'il leur sera ordonné par le R. P. gar-
« dien.

« Que les jeunes frères qui se montrent opiniâtres
« contre l'obédience, qui feignent êtres malades, soient
« fouettés publiquement de la main du supérieur ou
« d'autres, commandant aux frères, sous peine d'ino-
« bédience, d'obéir au supérieur lorsqu'il leur comman-
« dera de mettre cette peine en exécution [1].

« Qu'on ne parle à la porte, ni même le supérieur,
« après le pardon, sans extrême nécessité.

« Qu'absolument on refuse les coqs, dindons, lape-
« reaux, lièvres, perdrix et toute autre sorte de gibier,
« si ce n'est pour les malades, quand le médecin l'or-
« donnera.

« Qu'on ne boive point de vin des Canaries ou d'Espa-
« gne, si ce n'est quelque peu au temps des Récréations ;
« et, quand on en donnera, qu'on le mette dans le rapé
« ou qu'on le refuse.

« Que les frères, qui auront besoin d'habits, manteaux
« ou sandales neufs, recourent au P. Provincial ou Cus-
« tode, et qu'il ne soit licite aux gardiens de donner
« aucune de ces choses, sans licence des Pères susdits,

---

(1) Les moines alléguaient parfois d'étranges motifs pour excuser leur
désobéissance : « Les religieux de la Merci furent condamnés par le Parlement, le 14 mars 1646, parce qu'ils refusaient de se soumettre à leur prieur,
sous le singulier prétexte qu'il était gascon ». L'arrêt développait ce passage de l'épître de Saint-Paul aux Romains, X, 12 : « Non est distinctio Judæi
neque Græci : nam idem Dominus omnium, dives in omnes qui invocant
illum ». — Il n'y a pas à distinguer entre le Juif et le Gentil, car l'un et
l'autre ont le même seigneur, qui répand ses richesses sur tous ceux qui le
prient.

« exhortant tous les pères et frères de rapiécer leurs
« habits de sacs et autres pièces, selon qu'il en est parlé
« dans notre règle.

« Que l'on fasse les habits de gros drap croisé et qu'on
« rogne les manteaux selon la forme des Constitutions,
« et là où l'on aura manqué, nous le ferons faire à la
« visite avec une bonne discipline.

« Que l'on ne se serve point de syndics pour les néces-
« sités particulières des frères.

« Que les frères laics ne portent point de chandelles
« en leur chambre.

« Que les gardiens, ayant reçu commandement du
« P. Provincial d'envoyer quelques frères en d'autres
« couvents, obéissent promptement et ne les retiennent,
« sous aucun prétexte.

« Que les jardiniers, qui ont besoin de linge, n'en
« prennent point, mais qu'ils demandent au P. Pro-
« vincial des pièces de prédicateurs; ce qui se dit s'entend
« pour les jardiniers.

« Que les vocants ne partent point sitôt, venant au
« Chapitre, qu'ils soient contraints de s'arrêter aux
« petits couvents.

« Que l'on fasse, autant qu'il se pourra commodément,
« une chambre haute sur celle de la porte pour recevoir
« les religieux.

« Que personne ne présume d'ouvrir les paquets qui
« s'adressent aux supérieurs majeurs, sous quelque pré-
« texte que ce soit, sans leur licence expresse.

« Que les frères, faisant la procession pour gagner
« l'indulgence le jour de la Portioncule, disent en la nef
« les cinq Pater et Ave, les bras en croix.

« Que les gardiens, faisant la quête de laine et de
« beurre, empêchent que les gentilshommes, qui s'em-
« ploient pour eux à cette œuvre de charité, n'extorquent
« point d'argent des bonnes gens des champs.

« Que les gardiens ne fassent point rompre le silence
« du réfectoire à la venue des prédicateurs, ni à la Mi-
« Carême ».

Pendant la durée du chapitre du 3 juin 1661, tenu à
Saint-Malo, « le P. Vicaire du Mans avait permis aux
« étudiants en théologie de leur dernière année, de
« s'asseoir en lisant au réfectoire et de lire à discrétion,
« mais le P. Thomas de Redon, gardien du Mans et pre-
« mier définiteur, étant arrivé, les remit à lire debout et
« à l'arbitre du supérieur, ce qui dura le reste de l'étude ».

Par décision prise au chapitre du 8 septembre 1662, il
« fut fait défense aux religieux d'avoir ou de tenir ès
« couvents vielles, violons, épinettes et semblables
« instruments, pour en jouer, et ordonné à ceux qui en
« avaient de les rendre ou les brûler. »

Au chapitre du 24 août 1663, « la Définition retrancha
« le périlleux usage des fermetures des portes, des liettes,
« des pupitres et choses pareilles, à la réserve d'une
« boîte pour les prédicateurs pour mettre leurs sermons
« sous un petit cadenas ».

« Sans cette salutaire ordonnance, la province de
« Bretagne, disait le P. Balthazar, s'en allait, le grand
« chemin, à la propriété ».

On rencontre quelquefois des dispositions testamen-
taires de la part de religieux. Elles n'étaient pas contraires aux lois, si le religieux n'avait pas encore fait
profession.

Un capucin de Mayenne, Jean des Aulnois, légua par
testament, au commencement du xviiᵉ siècle : « Cent
« livres tournois, en fonds d'héritaige, au Collège et
« Hôtel-Dieu de Maienne, moytié par moytié, à prendre
« sur les lieulx, domaines et mestairies de la Motte et
« Luslerie, situées, était-il dit, lez et ès environs de

« ceste ville de Maienne ». René de Cotteblanche, élu
en l'Election, était son exécuteur testamentaire.

Les héritiers du défunt refusèrent de délivrer ce legs,
et il fallut les poursuivre. Dans une assemblée générale
des habitants de Mayenne, du 14 mars 1604, il fut décidé
qu'il convenait de transiger avec eux. Le Collège et
l'Hôtel-Dieu se contentèrent d'une somme de 1000$^{#}$ à
partager entr'eux; il ne peut donc rester de doutes sur la
légalité du testament de des Aulnois. Louis Gastin, sénéchal de Fontaine-Daniel, était alors receveur et admi-
nistrateur des deniers et rentes de la ville de Mayenne
et de son Collège, et l'Hôtel-Dieu avait pour adminis-
trateur Ambroise Gastin.

Des mesures rigoureuses étaient prises contre les religieux qui manquaient à leur devoir.

Il y avait une prison au couvent de Mayenne. Sa construction n'assurait guère la garde des clers prisonniers;
aussi dut-on, « la doubler de grosses planches », afin
d'empêcher la dégradation des murs et l'ouverture d'une
issue. C'est ce que fait comprendre la mention suivante
des annales du couvent :

« 1682. Depuis que la prison a été fortifiée, on a ôté à
frère François-Marie ses fers et ses menottes, par permission du R. P. Provincial ». Frère François-Marie
était un clerc originaire du Mans. Il s'amenda et resta
au couvent. Lorsqu'il mourut à Mayenne, le 10 novembre 1726, il avait cinquante-trois ans et cinq mois de religion. Quoique repentant et pénitent, il ne mérita pas
que sa fosse occupât une place d'honneur; on la creusa
« au bas de l'Eglise ».

En 1727, tous les religieux du monastère de Mayenne
en furent retirés. « Un seul y resta de la précédente
famille, le P. Julien de Vilaines, prédicateur-mission-

naire, qui était malade et mourut l'année suivante, le 18 mars 1728, ayant cinquante-trois ans de religion ». Nous ignorons les motifs qui avaient provoqué un changement aussi radical.

Les capucins sont des hommes dévoués à tous les intérêts du peuple et ont conquis son affection. Survient-il une calamité publique, on est sûr de les trouver au premier rang pour apporter quelque secours.

Les épidémies sont communes alors, la famine est périodique.

En 1662, quantité de personnes moururent de faim. Le gros pain de douze livres valait quarante-deux sous. Au Mans, à l'inhumation de René Levayer, ancien intendant d'Arras, décédé le 28 février 1662, on fit une distribution d'argent aux pauvres. Il s'en trouva un si grand nombre à entourer le distributeur que dix-sept d'entre eux furent étouffés ou écrasés et plusieurs autres blessés.

Nous avons mentionné le dévouement des capucins de Mayenne lors de la peste de 1640.

Les épidémies sont tellement redoutées que, le 22 août 1668, le maire et les échevins de Mayenne défendirent aux marchands de se rendre à la foire de Guibray, parce qu'il y régnait, disait-on, une maladie contagieuse. Pareille précaution fut prise à Laval, au Mans, à Alençon.

Du mois d'août au mois d'octobre 1707, une violente dysenterie fit plus que décimer la population de Mayenne. Il mourut près de 1.100 personnes, disent les Annales des capucins. Ces religieux, méprisant le danger, portèrent leurs consolations aux moribonds et leur prêtèrent assistance.

Le gardien du couvent écrivait en 1694 : « Il y a eu une fâcheuse année, les blés et le vin ayant manqué partout. On avait pourtant eu beaucoup de blé ici. Il est allé jusqu'à 8" le boisseau, à cause des transports dans les lieux où il était plus cher. La maladie a suivi cette disette et plusieurs sont morts. Personne n'a été attaqué dans notre couvent, sauf le garçon, quoique l'on ait été, à tous moments, voir et confesser les malades. *Gratias agamus Domino nostro* ».

Et ce dévouement est général chez les capucins. Lors de la peste de Bordeaux, l'hôpital ne suffisant plus à tous les besoins, la municipalité fait convertir en hospice une maison particulière, et c'est là qu'on portait les malades abandonnés. Tous les capucins de la ville voulurent s'y enfermer ; il fallut recourir à la voie du sort. Ceux qu'il désigna moururent ; d'autres vinrent les remplacer et, tant que dura l'épidémie, ce poste périlleux ne fut jamais déserté.

A Saint-Maixent, leur charité avait fait de semblables merveilles. Beaucoup de huguenots, abandonnés de leurs ministres, s'étaient convertis en recevant les soins de ces religieux [1].

Au couvent de Mayenne, on est pauvre et l'on ne peut donner, mais on stimule la charité privée. Lors de la disette de 1738, les religieux suscitèrent chez les habitants aisés des générosités qui adoucirent singulièrement la misère publique. Les besoins des indigents étaient grands : à la donnée de pain que faisaient les moines de l'abbaye de Fontaine-Daniel, le mercredi de chaque semaine, il se trouvait parfois deux mille pauvres à tendre la main.

(1) *Richelieu à Luçon*, par M. L. Lacroix, p. 90. — *Histoire du cardinal de Sourdis*, par Ravenez, p. 91. — *Le Capucin charitable*, par Maurice de Toulon, p. 397.

Y a-t-il des différends entre les concitoyens, les capucins sont des intermédiaires discrets sur lesquels on peut compter. Nous en trouvons un exemple dans une affaire qui dut leur demander beaucoup d'adresse et de tact.

Le couvent était, comme on le sait, voisin de deux fermes, nommées la Grange, où se trouvait une maison de maître qu'habitait, en 1716, Julien Tripier, sieur de la Grange [1], assesseur au siège de la Barre ducale et procureur du roi à l'Hôtel-Dieu du Saint-Esprit, de Mayenne. Il était curateur de sa cousine-germaine, Françoise-Roberde Tripier de la Fresnaye [2] qui demeurait avec lui.

A la même époque habitait à son château du Plessis, paroisse de Châtillon-sur-Colmont, le marquis de Nonant, Jacques du Plessis-Châtillon, colonel du régiment de Provence-Infanterie, qui poursuivait de ses assiduités indiscrètes Roberde Tripier. Celle-ci, âgée de dix-sept ans, était une fille sage et bien élevée, et son curateur fit comprendre au jeune colonel tout ce qu'avaient d'inconvenant les démonstrations de galanterie qu'il se permettait. De Châtillon, furieux de la leçon méritée que se permettait de lui donner un bourgeois, piqué du dédain de la jeune fille, entreprit de se venger de l'un et de l'autre.

Après avoir passé une partie de la nuit au cabaret [3],

---

(1) Julien Tripier de la Grange, époux en premières noces de Marguerite-Marie Garnier de la Mauvetière et en deuxième mariage d'Anne Cazet, était fils unique de Julien Tripier de Laubrière et de Gervaisine Cailler ; petit-fils de Robert Tripier et de Marie Bachelot.

(2) Françoise-Roberde Tripier de la Fresnaye était fille de Robert Tripier de la Fresnaye, président au Grenier à sel de Mayenne, procureur du roi à l'Election et à l'Hôtel-de-ville, et de Françoise Brault ; petite-fille de Robert Tripier et de Marie Bachelot. Son frère Robert-François T., correcteur à la Chambre des Comptes de Bretagne, épousa Gabrielle Saiget.

(3) L'habitude, qu'avaient les nobles et les bourgeois d'aller au cabaret, datait de loin et ne cessa pas à Mayenne. Nombre d'officiers de la ville y pas-

le 4 mai 1716, il se rendit à la Grange avec deux compagnons de plaisir, un capitaine réformé à la suite du régiment de Boufiers et un marchand de vins en gros. Là, nos trois libertins se mirent à insulter Julien Tripier et à lancer des pierres dans les portes et les fenêtres : on en recueillit plus tard une soixantaine dans la chambre de Roberde, ainsi que de vieux souliers « jetés par dérision ». Celle-ci se leva et, courageusement, reprocha aux assaillants, leur conduite et les pria de s'éloigner. Loin d'obéir à cette invitation, ils redoublèrent leurs insultes et leurs coups de pierres.

Tripier avait également quitté le lit : il couchait au rez-de-chaussée. Ouvrant sa fenêtre, il dit : « qu'il était « honteux, particulièrement à monsieur le marquis de « venir à la porte d'un honnête homme et d'un officier « insulter sa proche parente et l'insulter lui-même sans « motif, que cette conduite ne convenait point ni à un « homme de sa condition, ni à d'honnêtes gens, qu'il en « porterait plainte au procureur général ». Ces paroles ne firent qu'irriter de Châtillon et ses amis qui le traitèrent de « b... » et dirent « qu'ils se f... du procureur général ». Le charivari recommença et dura de deux à trois heures du matin.

Vers sept heures, alors qu'on supposait la scène finie, vint à la Grange le valet de chambre du marquis :

saient la soirée, dans des cabinets particuliers, qui leur étaient réservés, et l'on y buvait ferme. « Le retour au logis, écrivait un bourgeois de Mayenne, chroniqueur du xviii° siècle, était souvent plus bruyant, après vin boire, qu'il n'aurait dû être. Le peu de police, qui s'exerçait d'abord sur les ouvriers ivrognes, voulut sévir ensuite contre quelques bourgeois surpris dans des orgies. Leur résistance amena un conflit, qu'un peu de déférence eût suffi à apaiser ». D'après notre chroniqueur, qui plaidait peut-être « pro domo suâ », des bourgeois ivres, surpris dans une orgie et en état de rébellion, eussent mérité des égards particuliers. Etais-ce parce qu'au lieu de s'être gorgés de poiré et d'eau-de-vie, ils avaient bu du Champigny ou sablé du Saumur ? Sans doute.

il voulait voir Tripier. Ce dernier avait regagné son lit et n'était pas levé.

A neuf heures, arriva aussi un des laquais de Châtillon, « nommé la Brie », qui injuria le malheureux assesseur de la Barre ducale, le frappa au visage, le prit à la gorge pour l'étrangler. Quelques personnes, attirées par les cris du battu, s'opposèrent aux violences de l'agresseur. Mais, comme Tripier s'efforçait de mettre le laquais à la porte de sa maison, accourut « le valet de chambre, vêtu de rouge, de cheveux noirs « et courts, lequel ayant mis l'épée à la main aurait « percé ledit sieur de la Grange, s'il n'en avait été empêché par un grand nombre d'habitants venus à son « aide. Sur ces entrefaites, le marquis se présenta lui-« même, tenant d'une main une canne levée et portant « l'autre sur la garde de son épée, toute prête à tirer, « pour soutenir son valet de chambre et son laquais ».

Enfin, de la Grange put profiter d'un instant d'accalmie pour se dégager et se dérober aux coups et aux injures. Il s'empressa de fermer la porte de sa maison qu'on tenta vainement d'enfoncer.

Tripier porta plainte. Après avoir énuméré tous les détails de l'attaque et les nombreuses voies de fait dont il avait été victime, il ajoutait : « Lesquelles cir-« constances prouvent que toutes les insultes des gens « du dit sieur de Nonant sont faites par ses ordres et « sont d'autant plus blâmables qu'il est de la sûreté de « ne pas souffrir qu'un gentilhomme, comme ledit sieur « de Nonant, sous prétexte qu'il a de l'autorité et du cré-« dit, aidé de jeunes libertins, insulte impunément les « bourgeois, par où ils passent, et encore moins un offi-« cier et une jeune demoiselle à la réputation de laquelle « de pareilles insolences peuvent faire préjudice ».

Tout ce tapage avait été entendu du couvent des capucins. Le gardien Urbain de Janzé, fut le premier confident. des indignations et des inquiétudes du malheureux. Il était à craindre, en effet, que l'autorité et le crédit du marquis du Plessis-Châtillon n'arrivassent à le soustraire à la justice, et Tripier le comprenait.

Grâce à l'entremise du P. Urbain, Tripier de la Grange obtint du jeune colonel, deux mois après, quelques · paroles aimablement dédaigneuses, qu'il dut prendre pour des excuses et dont il fallut se contenter : ce fut pourtant un succès.

Et l'affaire en resta là : ni le marquis, ni ses compagnons ne furent inquiétés.

Par les réceptions qui sont faites aux supérieurs des capucins, on peut juger de l'influence et de la considération dont ils jouissaient.

En 1642, Jean de Moncalieri, général de l'ordre, convoqua un Chapitre au couvent de Mayenne. Il fut reçu en ville « avec de grandes marques de respect, par toutes « les personnes de distinction ».

Vers la fin de l'an 1663, le P. général visita la province de Bretagne et passa à Mayenne. « Mme de Levaré « et M. du Bailleul [1] envoyèrent au couvent tout ce qui « était nécessaire pour le nourrir ainsi que les person-« nes qui l'accompagnaient. M. du Bois-Motté, curé, et « M. de Torbechet, juge, ne voulurent point ou ne surent « pas le complimenter. M. de Berron [2], président de « l'Election, accompagné de MM. les Elus, le harangua « en latin fort éloquemment. M. de Fresnay [3] particu-« lièrement le harangua, à la tête de plusieurs personnes « distinguées de la ville. Le P. gardien du couvent de

(1) Pierre du Bailleul, seigneur de Gorron.
(2) René Gaudin, sieur de Berron, mari de Marguerite Levavasseur.
(3) René Lebourdais, sieur de Fresnay, ancien maire, juge général criminel, mari de Renée Lair.

« Mayenne le fit aussi haranguer par deux de ses clercs,
« en prose et en vers ».

Le 24 août 1771, le P. général, Aimé de Lamballe, vint
à Mayenne, et y fut accueilli « avec distinction par le
« gouverneur et les officiers municipaux. Les rues avaient
« été balayées, les boutiques fermées par ordre de
« la police. Sur les trois heures de l'après-midi, tous les
« équipages de la ville, au nombre de dix à douze, par-
« tirent pour aller l'attendre à Moulay. Dans ces équi-
« pages étaient les principaux de la ville, le P. gardien
« et quelques autres religieux. Toute la milice bourgeoise
« fut sous les armes. L'exempt du prévôt et les cavaliers
« montèrent à cheval et accompagnèrent le cortège. Le
« général n'arriva qu'à la nuit, et il y eut ordre d'illu-
« miner les boutiques et les fenêtres sur son passage.
« Son arrivée dans la ville fut annoncée par le son des
« cloches et par plusieurs décharges de canons et de
« boîtes ; les tambours, une école de violons, les éten-
« dards de la ville et une trentaine de soldats en habit
« uniforme escortaient la voiture. Quantité de flam-
« beaux l'environnaient. Il y eut une garde au couvent,
« toute la nuit des cavaliers de la maréchaussée à sa
« porte. Les drapeaux furent déposés au chauffoir, sous
« la consigne d'une sentinelle.

« Le lendemain, 25 août, MM. de la municipalité
« vinrent en corps le complimenter et lui présenter le
« vin de ville. Tout ce qu'il y a de plus distingué dans
« le clergé, dans la noblesse, dans la robe et la bour-
« geoisie le vinrent saluer et, sur les dix heures du ma-
« tin, il partit pour Alençon avec les mêmes honneurs
« qu'on lui avait rendus la veille. »

« Au mois d'août 1772, disent les Annales, arriva à
« Mayenne monseigneur de Hercé, évêque de Dol, pré-

« lat recommandable par ses vertus, son érudition, ses
« talents, son zèle infatigable et les qualités du cœur les
« plus exquises. Dans toutes les positions qu'il a occu-
« pées dans l'Eglise, il a eu pour notre ordre des bontés
« et des attentions si marquées qu'elles lui ont concilié à
« jamais notre vénération, notre amour et notre recon-
« naissance. Il donna la confirmation à soixante-et-onze
« paroisses des environs de Mayenne et resta ici deux
« mois et demi. Les fêtes et dimanches, il confirma dans
« notre cloître. Presque tous les jours, il venait dire la
« messe au couvent. Il nous combla de politesses. »

CHAPITRE V

—

Noms des PP. gardiens du couvent de Mayenne. — Les pères temporels. — Les sœurs des capucins. — Le tiers-ordre de Saint-François ; ses règlements, sa chapelle, son mobilier. — Noms de quelques tierçaires.

Le couvent de Mayenne eut quatre-vingt-neuf gardiens de 1606 à 1789 ; en voici la liste complète [1] :

1606. — Valentin ou Valérien de Nantes.
1610. — Fiacre de la Chapelle.
1612. — Luc de Bapaume.
1613. — André de Lapenty.
1614. — Honoré d'Angers.
1615. — Rogatien d'Orléans.
1616. — Calixte de Nantes.
1617. — Fulgence d'Orléans.
1618. — Modeste de Mayenne.
1621. — Macaire de Gien.
1622. — Isidore d'Angers.
1625. — Bernardin de la Boissière.
1627. — Raphaël de Saint-Denis.
1628. — Séraphin d'Angers.
1629. — Florent de Laval.
1630. — Louis de Guérande.
1631. — Ange de Château-Gontier.

[1] Nous donnons à l'Appendice, note B, les noms des capucins originaires de Mayenne et des environs et de ceux qui moururent en cette ville.

1632. — Dorothée de Rennes.
1633. — Joseph de Nantes.
1636. — Guy de Rennes.
1638. — Cosme de Fougères.
1639. — Bonaventure de Moussé.
1640. — Joséphat de Saint-Malo.
1641. — Accurse de Saint-Mars.
1644. — Denis de Saint-Denis.
1645. — Etienne de Saint-Malo.
1645. — Ange de Mamers.
1649. — Archange de Dol.
1652. — Dorothée de Lassay.
1654. — Agapit d'Ernée.
1658. — Florent de Mayenne.
1661. — Cosme du Mans.
1666. — Agapit d'Ernée.
1667. — Charles-Joseph de Rennes.
1670. — Denis de Mayenne.
1672. — Ange de Mamers.
1673. — Jean Chrysostôme, de Quintin.
1675. — Basile de Laval.
1677. — Fulgence de Laval.
1679. — Bernardin de Vannes.
1680. — Denis de Mayenne.
1683. — Angélique de Nantes.
1686. — Tiburce de Mayenne.
1690. — Ange de Laval.
1692. — François de Lucé.
1693. — Léon de Laval.
1696. — Ange de Laval.
1699. — Jérôme de Laval.
1701. — Ange de Laval.
1702. — Archange de Laval.
1705. — Alexis du Mans.
1708. — Ange de Laval.

1711. — Romuald de Laval.
1714. — Jean-François du Lude.
1715. — Jérôme de Laval.
1716. — Urbain de Janzé.
1719. — Alexis de Laval.
1720. — Romuald de Laval.
1723. — Jean-Marie du Mans.
1726. — François-Joseph de Saint-Malo.
1727. — Tiburce de Mayenne.
1729. — Jean-Marie du Mans.
1731. — Tiburce de Mayenne.
1732. — Jean-François du Lude.
1735. — Joseph-Marie de Bécherel.
1738. — Bruno du Mans.
1741. — Basile de Montfort.
1744. — Eusèbe du Mans.
1745. — François de Saint-Malo.
1749. — Fabien de Rennes.
1752. — Jérôme de Fontenay.
1754. — Anselme du Theil.
1756. — Augustin de Rennes.
1758. — Joseph-François de Châteaubriant.
1761. — Augustin de Mayenne.
1762. — François-Xavier de la Flèche.
1765. — Augustin de Mayenne.
1767. — Ange de Rennes.
1768. — Clément de Vannes.
1771. — François-Xavier de la Flèche.
1773. — Augustin de Rennes.
1775. — Célestin de Rennes.
1778. — Elzéar de Rennes.
1781. — Bernard de Mayenne.
1784. — Elzéar de Rennes.
1786. — Michel de Châteaubriant.
1787. — Bernard de Mayenne.

Le couvent de Mayenne servit parfois de séminaire aux religieux, mais on n'y prononçait, ce semble, pas de vœux. Le P. Bruno de Rennes paraît avoir été le seul capucin à y faire profession. Du moins la relation que faisait de cette cérémonie le gardien de Mayenne le laisse supposer. « Le R. P. Provincial, écrivait-il en 1686, m'ayant envoyé un novice de Rennes pour lui faire prononcer ses vœux en ce couvent, j'ai exécuté ses ordres le 6ᵐᵉ d'octobre, faisant faire profession à F. Bruno en ce jour, en présence de plusieurs religieux et autres personnes connues. L'acte qui suit en fait foi :

« Moi, Nicolas Blouin, fils de M. Nicolas Blouin et de demoiselle Jeanne Petit, mes père et mère, fais foi à qui il appartiendra qu'ayant pris l'habit de capucin au couvent de Rennes où était le noviciat de la province de Bretagne, le 5 octobre 1685, dans l'année de mon âge dix-huit et demi, sous le nom de F. Bruno de Rennes, après avoir passé l'an de probation conformément à la règle de Saint-François et au concile de Trente, j'ai prononcé volontairement les vœux solennels de la religion des F. F. Mineurs appelés Capucins, dans le couvent de Mayenne où j'ai été envoyé par la disposition du chapitre tenu à Laval, l'onzième septembre de cette année 1686, et ce, entre les mains du T. R. P. Tiburce de Mayenne, gardien et maître du séminaire en ce couvent, suivant la commission à lui donnée de me recevoir à l'Ordre par le R. P. Ange de Saint-Brieuc, provincial des capucins de Bretagne, en date du 27 septembre de la même année, ce que j'atteste sous mon propre seing et celui de plusieurs religieux et séculiers qui ont été présents à l'acte de ma profession, prononcée ce dimanche 6 octobre 1686. *Signé* : Frère Bruno de Rennes, de la Fresnaye, de Bouessel, avocat et juge de Savigny. »

Les capucins ne pouvaient s'occuper des biens matériels de leur maison. Ils les confiaient à des laïques, hommes et femmes. Les premiers étaient appelés tantôt « pères spirituels » tantôt « pères temporels ou syndics », les secondes nommées « sœurs spirituelles » et parfois « sœurs temporelles ». Le père provincial approuvait les choix qui en étaient faits. Un magistrat, un avocat se trouvait honoré d'être choisi pour « père temporel » du couvent, d'en devenir le conseiller et l'homme d'affaires. Quant aux sœurs, elles étaient des filles pieuses, d'âge mûr qui quêtaient pour les religieux, vivaient elles-mêmes volontairement dans la pauvreté à l'exemple des fils de Saint-François. La bourse du couvent était entre leurs mains ; elles touchaient même les honoraires des sermons. En voici un exemple :

> Nous frere. Ange De Laual Gardien des Capu[cins]
> de mayenne certifie que nos sœurs spirituelles o[nt]
> receu de mr Teras Vicaire de mayenne la Somm[e]
> de Dix Pistes donnee au Prédicateur de l'octa[ve]
> faict en nostre couuent de mayenne ce 21 7bre
> 1692
>
> f Ange de Laual Gar[dien]
> des Capucins de maye[nne]

Sans les sœurs temporelles, les religieux eussent difficilement vécu à Mayenne. Ils ne devaient pourvoir à leur existence qu'au moyen d'aumônes, ne pouvaient se créer de revenus, et la charité publique ne s'empressait pas toujours à satisfaire, spontanément et en temps opportun, à tous leurs besoins.

Dans la Règle de Saint-François.on lit, en effet, ce qui
suit :

« Que les Frères travaillent fidèlement et dévotement,
« de telle sorte qu'en bannissant l'oisiveté, ennemie de
« l'âme, ils n'éteignent point l'esprit d'oraison... Du
« prix de leur travail, qu'il reçoivent pour eux et pour
« leurs frères les choses nécessaires au corps, excepté
« deniers ou pécune et ce, humblement, comme il con-
« vient aux serviteurs de la très sainte pauvreté.

« Que les Frères ne s'approprient rien, ni maison, ni
« lieu, ni aucune chose, mais, comme pèlerins et étran-
« gers en ce siècle, servent le Seigneur dans la pauvreté
« et l'humilité... que la pauvreté soit votre partage, elle
« qui conduit à la terre des vivants.

« Attachez-vous y donc totalement, bien-aimés frères,
« ajoutait notre saint, et pour le nom de Notre-Seigneur,
« ne veuillez jamais posséder autre chose sous le ciel ».

Ces prescriptions expliqueront le refus que fit le
P. gardien de Mayenne d'acheter une maison dont il
va être bientôt question.

En Italie, la quête à domicile, souvent journalière,
des frères mendiants était un usage accepté ; elle dut
être plus réservée en France. Cet office revenait aux
frères lais, aux femmes pieuses dont nous venons de
parler, tierçaires franciscaines qui consacraient leur
temps à quêter avec discrétion et à pourvoir aux besoins
du monastère. On ne doit pas confondre ces personnes
avec les capucines, dites aussi filles de la Passion ; les
sœurs spirituelles étaient du troisième ordre de Saint-
François.

A la fin du xviiᵉ siècle, les capucins de Mayenne
avaient pour sœurs temporelles Catherine Balidas et
Renée Giraud ou Girard.

A cette époque la propriété qui se trouve actuellement à l'angle formé par la rue des Ormeaux (rue actuelle de la Visitation) et la rue des Capucins appartenait à René Pré, sieur de Longpré, maître potier d'étain, « marchand pintier », comme on disait alors, et à Marie Bernard sa femme. Elle se composait d'un vaste terrain appelé précédemment le champ puis le jardin du Gast, par eux acquis, moyennant un prix de 500^{tt}, d'Etienne Lebourdais, avocat, par contrat devant Davoynes, notaire royal à Mayenne, le 24 mars 1671 [1].

Il existait sur le terrain des époux Longpré, dans la partie voisine de l'angle des rues dont il vient d'être parlé, une habitation composée d'une pièce avec cave dessous, d'un pavillon derrière, d'une cour et d'un petit jardin. Les sœurs Balidas et Giraud en étaient locataires.

A peine Longpré était-il devenu acquéreur qu'il commença à édifier une nouvelle maison dans le terrain qui lui restait à côté de l'habitation des sœurs, et le couvent craignit qu'il ne pratiquât des ouvertures qui permissent aux regards de plonger dans leur enclos. Mais lui-même parut comprendre qu'il y aurait de l'indiscrétion de sa part à établir des fenêtres de manière à gêner les Pères, et par acte devant Pierre Esnault et Jean Launay, notaires royaux à Mayenne, du 22 novembre 1672, il s'obligea à ne pas faire dans ses bâtiments de vues droites qui fussent au-dessus de la hauteur de la muraille du jardin du couvent. S'il en était placé dans le pignon vers le Pavé-Morin, elles ne pourraient avoir plus de deux pieds de hauteur et un pied et demi de

(1) La pièce du Gast relevait censivement du fief de la Trotterie qui appartenait à René Lebourdais, sieur de Fresnay. Etienne Lebourdais avait acquis cette pièce de René Lebourdais, le 12 novembre 1670, devant Davoynes à la charge de la tenir censivement du fief de la Trotterie et de payer annuellement au détenteur de ce fief les anciens devoirs qui consistaient en deux sous six deniers payables « à la Nostre-Dame dicte l'Angevine qui est « le 8 septembre ».

largeur, et devraient être garnies d'un chassis à verre
dormant et de barres de fer. En récompense de ces gra-
cieusetés des époux Longpré, ces derniers eurent droit
aux prières du couvent [1].

Désirant assurer à perpétuité aux capucins la propriété
de l'habitation des femmes qui leur succéderaient dans
leur office près des religieux, les sœurs Balidas et Giraud
voulurent acheter la maison et le jardin de Longpré. Après quelques pourparlers, elles firent, en effet,
l'acquisition de l'immeuble qu'elles occupaient et
« d'une portion de terre de trente pieds de long en
« dehors de leur jardin et autant qu'il en emportait », le
tout pour un prix de 1.000^{tt}, ainsi qu'il appert d'un
contrat devant Mathieu Bougler et Michel Davoynes,
notaires royaux à Mayenne, du 20 janvier 1681. Plus tard,
le 11 mai 1684, elles déclarèrent, par acte devant
les mêmes notaires, que les fonds employés à solder
leur prix d'achat « provenaient de legs pieux et d'aumônes particulières qui avaient été faites à la communauté des capucins par leur entremise ». Leur but, en
passant cette déclaration, était d'empêcher toute reven-
dication de leurs propres familles lorsqu'elles vien-
draient à mourir.

Les époux Longpré avaient cédé à un prix excessif
l'immeuble qu'occupaient les sœurs. Néanmoins, à peine
ces dernières eurent-elles clos leur terrain d'une pa-
lissade, que les vendeurs s'en plaignirent, quoi qu'ayant
été présents à sa pose, et les menacèrent d'un procès.

(1) Cette maison de Longpré appartenait au milieu du xviiie siècle à René
Derouel, notaire à Aron, et à Jeanne Pichereau, sa femme, qui la vendirent
à Julien-Jacques Coulon et à Renée Rouzière, son épouse. Ceux-ci la cédèrent
à Louis Coulon, négociant à Mayenne, par contrat devant Mathieu Leclair,
notaire en cette ville. Enfin Louis Coulon la revendit à René-Michel des
Aulnois, suivant contrat devant La Bécannière, notaire royal à Mayenne, le
27 mai 1782.

Les sœurs cherchaient la paix et, quelque fût leur bon
droit, acceptèrent une transaction et donnèrent à leurs
voisins une somme de 36^{tt} afin qu'ils abandonnassent
leurs prétentions. [1]

La timidité des pauvres filles enhardit Longpré qui
les poursuivit en justice au sujet d'un bâtiment qu'elles
avaient fait construire près de la limite de leur propriété.
Des experts furent désignés et une descente de juge
ordonnée. René Tanquerel, père temporel du couvent,
était l'avocat des sœurs.

Longpré se vit débouté de ses conclusions, condamné
à une amende et aux dépens, par jugement de Jean Viel,
sieur de Torbechet, juge civil et ordinaire au duché de
Mayenne, en date du 4 août 1682. Cette décision ne fit
que l'irriter : il interjetta appel, mais, sous le coup d'un
arrêt par forclusion, qui allait être rendu contre lui, il
chercha un arrangement et trouva encore moyen d'amener les sœurs à transiger, le 4 août 1683, devant René
Lambert, « notaire en la cour du duché de Mayenne ».

En 1702, Catherine Balidas devint encore dupe de
Michel Gasté, qui possédait une maison voisine de la
sienne. Il lui dit qu'il allait la vendre, à rente foncière, à
un nommé Barbé, pour y installer un cabaret. La sœur ne
s'aperçut pas que ce propos n'avait pour but que de lui
céder sa maison à beaux deniers. « Craignant d'enten-
« dre et de voir tout ce qui se passe ordinairement en
« ces lieux de débauche et de liberté, tant de jour que
« de nuit, elle pria immédiatement Gasté de traiter avec
« elle et de lui bailler à rente sa maison, pour et au nom
« des capucins ». Dans sa naïveté, elle lui faisait envisa-
ger les inconvénients nombreux qu'aurait pour les Pères
un cabaret à cet endroit et crut l'avoir touché. Gasté

____

[1] Acte devant Bougler, notaire, du 8 mai 1681.

parut se rendre à ces considérations, mais profita des inquiétudes de Catherine Balidas pour vendre son immeuble aux capucins, « moyennant un prix de 10[#] (de revenu) « plus élevé quelle n'était à ferme ». La sœur préoccupée de conclure un marché qu'elle regardait comme très avantageux pour le couvent s'empressa de prendre 200[#] sur les aumônes qu'elle avait reçues et les remit à son vendeur. Il ne restait plus qu'à fixer le jour où le contrat serait réalisé devant notaire par Gasté et les religieux dont Catherine s'était portée fort.

Toute heureuse, elle se rendit au monastère, raconta son marché au P. gardien et le pria de le confirmer, mais celui-ci lui répondit qu'elle avait agi à la légère, parce qu'elle eût dû savoir que les capucins ne possédaient jamais d'immeubles, même en commun, autres que ceux qui étaient indispensables pour leur habitation, qu'enfin il ne pouvait donner suite à son contrat.

Catherine Balidas retourna trouver Gasté, lui raconta avec sa droiture habituelle l'empêchement dans lequel elle était de faire accepter la vente par le couvent et le pria de lui rendre ses 200[#]. Ce dernier refusa et il s'ensuivit un procès dont l'issue fut probablement favorable à la sœur des capucins. Des avocats du Mans consultés considérèrent qu'il y avait dol de la part du vendeur, dans le fait d'avoir feint l'établissement d'un cabaret pour aliéner sa maison à un prix exagéré.

La conscience de la pauvre fille fut singulièrement troublée par ces difficultés, qui l'avaient conduite à faire faire quelques dépenses au monastère. Elle fit son testament en faveur des religieux, devant René Esnault, notaire royal à Mayenne, le 14 janvier 1696, et le confirma par un codicile du 22 mai 1703. La testatrice y disait qu'ayant perdu de l'argent, qui appartenait aux Pères, elle voulait les récompenser en partie.

Sœur Balidas pouvait être simple d'esprit, mais on ne saurait trop admirer sa pureté de conscience, et l'on voit par ailleurs avec quelle sévérité les capucins de Mayenne se tenaient dans les traditions de pauvreté que prescrivait leur règle.

Les religieux écrivirent à la mort de Renée Giraud, la compagne de Catherine :

« Nous avons enterré aujourd'hui, seizième de mai
« 1698, en notre église, la sœur Renée Giraud, fille toute
« remplie de vertus et estimée universellement comme
« une sainte ; laquelle a fait nos affaires pendant cin-
« quante-sept ans avec affection et charité très singu-
« lière. Elle avait obtenu la permission d'être recom-
« mandée dans la province comme un religieux. Elle est
« enterrée devant la chapelle de Saint-François, proche
« le marchepied ».

Catherine Balidas mourut le 3 avril 1713, très regret-tée de la population. Le P. général avait autorisé son inhumation dans l'église « entre les deux chapel-« les ». On la recommanda comme si elle eût été un religieux, non-seulement à Mayenne mais dans tous les couvents de la province. A sa mort, elle ne possé-dait que ses vêtements, 250^{tt} qui lui avaient été donnés et ses meubles.

On peut citer les noms de quelques autres sœurs spi-rituelles des capucins de Mayenne :

1707. — Renée Moussay.

1732. — Jeanne Moisson, décédée le 8 novembre 1759, inhumée dans l'église du couvent, en face de la chapelle. Saint-François.

Sœur Moisson avait été remplacée par Jeanne Masson « fille de piété, âgée de quarante-huit ans ».

1757. — Nicole Le Moulnier.

Anne Nicole Le Moulnier, mère de sœur Nicole,
mourut le 24 juillet 1757 et fut enterrée le lendemain
« dans la dernière tombe du côté du cloître, proche la
« porte de l'église », avec la permission du provincial.

1757. — Sœur Peccatte. — Celle-ci avait une servante
qui se permit, ce semble, des écarts de langage préjudi-
ciables à la communauté. Dans un mouvement d'indi-
gnation, le P. Augustin de Rennes, qui était gardien du
couvent, nota les faits dans les Annales et les raconta avec amertume. Devenu plus tard provincial, le
pieux et humble capucin s'empressa, dans un voyage
qu'il fit à Mayenne, de réparer, autant qu'il le pouvait,
la faute par lui commise contre la charité. Il raya
avec soin ses notes de 1757 et ajouta de sa main cette
mention : « J'ai raturé les huit lignes ci-dessus
« comme contenant des imputations calomnieuses con-
« tre des personnes de probité. Défense aux supérieurs
« d'insérer à l'avenir semblables choses. *Signé :* F.
« Augustin de Rennes, provincial ». Les ratures du
P. Augustin sont telles qu'on ne peut en déchiffrer que
quelques mots et qu'il est impossible d'éclaircir entièrement ce petit mystère.

Le père temporel « Jean-René Tanquerel, fils, subdélégué de M. l'intendant de Tours », mourut le 29 mars
1773, pendant une épidémie de fièvre maligne qui régnait à Mayenne. Le P. gardien écrivait à son sujet :
« Nous avons perdu en lui un bienfaiteur de notre mai-
« son, dont il était le père syndic. Nous le pleurerons à
« jamais. Son service se fit dans l'église des capucins.
« Mgr de Hercé, évêque de Dol et son grand vicaire,
« cousin-germain du défunt y assistaient » [1].

(1) L'évêque de Dol, Urbain-René de Hercé, était fils de Jean de Hercé et
de Françoise Tanquerel, et cette dernière avait pour frère Jean-René Tanquerel, qui, de son mariage avec Renée-Perrine Piron, eut pour fils Jean-
René Tanquerel, subdélégué de l'Intendant de Touraine, époux de Louise-
Marie-Julienne Tripier de la Grange.

Les capucins avaient formé à Mayenne un Tiers-ordre franciscain, dès la première année de la fondation du couvent. Les sœurs temporelles en faisaient partie, comme nous l'avons vu, ainsi que beaucoup d'autres femmes et un certain nombre d'hommes.

Le premier acte de profession de tierçaire que nous connaissions remonte seulement à 1716 ; il est ainsi conçu :

« Ce quatorzième de mars 1716, moy, frère Jacques « Durand, prêtre, confesse avoir fait, avec une entière « liberté, profession de la règle du Tiers-ordre de la « pénitence, entre les mains du R. P. Jérôme de Laval, « gardien des capucins des Mayenne, et je promets avec « le secours de la grâce de garder toute ma vie les com-« mandements de Dieu et de satisfaire exactement aux « pénitences salutaires qui me seront imposées pour la « transgression de ma règle. En foi de quoi, j'ai signé de « ma propre main, dans l'église des R. P. capucins, ce « jour et an que dessus. *Signé :* Durand ».

Les officiers du Tiers-ordre de Mayenne comprenaient un supérieur, un assistant, quatre discrets, deux trésoriers, un maître des novices, un lecteur, deux infirmiers, deux sacristains et deux portiers.

Les réunions de ses membres avaient lieu dans la chapelle Saint-François, chapelle latérale de l'église des capucins. Les tierçaires devinrent si nombreux au milieu du xviiie siècle, qu'ils furent obligés, en 1767, de faire construire pour leur usage particulier, un oratoire qui communiquait avec le corps principal de l'église.

Le gardien du couvent était d'ordinaire le directeur du Tiers-ordre. Lors de l'élection des officiers, il se retirait dans la sacristie et chaque tierçaire allait, l'un après l'autre, lui donner verbalement son vote. Un des frères du Tiers-ordre, Jean Germain, prêtre, présida des élections le 14 juin 1761, « dans le grand parloir

« des dames religieuses de la Madeleine. » Les tierçaires
avaient peut-être eu quelques difficultés avec le couvent.

Dans une délibération du supérieur, de l'assistant et
des discrets, du 14 décembre 1766, on décida :
« Qu'il serait payé par les postulants qui entreraient
« dans le Tiers-ordre, à la prise d'habit 3$^{#}$ chacun,
« pour rétribution des frais et luminaire de la cérémo-
« nie ».

Il est arrêté par autre délibération du 24 mai 1767 :
« Qu'il sera désormais fait attention à la quête ou
« monnaie pour les sentences ;
« Que chacun, pour le moins, donnera un sou dans la
« main du frère sacristain ;
« Qu'il sera fait une quête tous les jours qu'on célé-
« brera la messe à la chapelle ou au grand autel, pour
« l'entretien du luminaire ;
« Qu'il ne sera point donné, non plus, ou envoyé de
« sentence aux absents, qu'ils n'envoient un sou au
« moins ».
Cette rétribution ne fut pas suffisante pour faire face
aux dépenses du luminaire de l'autel de la chapelle, des
cierges portés par les frères aux processions, et des dé-
corations, car une décision prise dans une réunion du
6 août 1775, portait :
« Que chacun des membres donnerait pour le moins,
« chaque année, la somme de 1$^{#}$ 10 sols, hors ceux qui
« seraient reconnus pauvres.
« Que ceux qui, par mauvaise volonté, esprit de ca-
« balle ou de schisme, ne voudraient pas s'engager à
« payer cette somme, seraient regardés comme exclus
« et contrevenants au treizième chapitre de la règle,
« privés d'assister aux processions avec cierge et, après
« leur mort, de messes, de prières et d'assistance au
« convoi.

« Que les frères, demeurant hors de la ville, seraient
« tenus d'envoyer, chaque année, pour le moins, la
« somme de 1^{tt}4 sous, c'est-à-dire 6 sols de moins que
« ceux de la ville, attendu qu'ils ne portaient pas de
« cierge et n'assistaient point aux processions.

« Qu'après les assemblées de chaque mois, tous les
« frères passeraient à la chapelle neuve ou à la sacristie
« pour entendre la lecture d'un chapitre de la règle,

« Que les frères qui manqueraient de se trouver à la
« messe et aux assemblées, trois fois de suite sans en
« informer le R. P. directeur ou le supérieur, seraient
« tenus de rendre compte de leur conduite au P. direc-
« teur qui en ordonnerait ce qu'il jugerait à propos ».

Le supérieur et les discrets, réunis le 10 juin 1781,
décidèrent qu'il serait présenté une requête, « au pro-
« vincial et aux définiteurs du chapitre des capucins, qui
« devait se tenir à Saint-Malo le 22 du même mois, pour
« qu'il leur plût régler :

« Qu'à l'avenir les assemblées du mois seraient tou-
« jours le premier dimanche, sans que les sœurs y assis-
« tent ;

« Que la procession se ferait, comme par le passé, à la
« communauté, moyennant qu'un religieux y assisterait,
« quand il n'y aurait pas d'affaire légitime à en empê-
« cher ;

« Que les messes ne seraient rétribuées qu'à 12 sols ;

« Que les choses resteraient, quant aux usages et cou-
« tumes, à l'avenir comme par le passé, sans qu'il fût
« libre aux gardiens ou directeurs de les changer à leur
« volonté ;

« Que les frères, qui depuis longtemps négligeaient
« d'assister aux messes et assemblées, seraient appelés,
« pendant trois mois de suite, du premier dimanche de
« juillet prochain au mois d'octobre ; que s'ils ne se

« présentaient point et ne donnaient de bonnes raisons,
« ils seraient rayés du catalogue, comme ayant renoncé
« à l'ordre et, à leur mort, privés des prières ordinai-
« res ».

Le mobilier de la chapelle des tierçaires de Saint-
François était pauvre, comme il convenait, du reste. Il
en fut dressé l'état suivant, le 15 septembre 1754 :
« Une paire de crédences, avec liette fermant à clef.
« Une petite table carrée, avec liette fermant à clef.
« Deux fauteuils, l'un couvert, l'autre en paille.
« Une chaise pour le lecteur et un pupître tournant.
« Six bancelles de carreau.
« Le petit autel à main gauche, avec deux rideaux et
« vergettes.
« Deux devants d'autel, l'un de cuir doré, l'autre de
« damas à fleurs.
« Un autre devant d'autel de dentelle par carreaux.
« Deux nappes d'autel garnies de dentelles.
« Trois cadres dont un à vitrail, sur le haut de la cha-
« pelle, et les deux autres en côté, à bords rouges.
« Deux autres cadres en carton, au côté des deux
« autres.
« Une boîte ou cassette à ramasser les protecteurs.
« Un tapis à mettre sur le prie-Dieu.
« Huit chandeliers de bois, peints jaune et rouge.
« Un crucifix et le christ de dessus, avec une vierge et
« un petit Saint-François, habillé en Cordelier.
« Quatorze bouquets.
« Une grotte.
« Six autres cadres en carton pour orner la chapelle.
« Le bénitier qui est à l'entrée de la chambre.
« L'image du Tiers-ordre de saint François ou l'arbre.
« Une légende ou vie des saints du Tiers-ordre.
« Un pot de fer blanc pour les quêtes,

« Quatre registres, dont deux grands pour la congréga-
« tion du Tiers-ordre et deux petits pour le trésorier ».

Desquels meubles les frères sacristes se chargent.

Le Tiers-ordre de Mayenne possédait un sceau spécial
que gardait le supérieur.

Le tableau suivant contient la liste des Frères « de
la ville et faubourg et environs de Mayenne », de 1750
à 1787 :

Allard François, demeurant à Laval.
Angot René.
Barbé Julien, en religion fr. Saint-Bonaventure.
Barbot Louis, fr. Saint-Lucius.
Beucher Pierre, fr. Saint-François.
Bouvet François, maître-chirurgien, à Evron.
Boyer Michel, fr. Saint-Ignace.
Brochard N...
Château Louis, fr. Saint-Fidèle.
Collet Pierre, fr. Saint-Pierre d'Alcantara.
Corbeau N...
Couillard N...
Coulange Pierre.
Coupris Denis, fr. Saint-Paul.
Davoust René, fr. de l'Enfant Jésus.
Derouet François.
Donnet Robert.
Dubreil N...
Fourmondière Mathieu, fr. Saint-Martin.
Germain Jean, prêtre.
Grosse Michel, fr. Saint-Benoît.
Grosse Pierre, fr. Saint-Michel.
Guyard N...
Guesnerie François.
Hardouin Michel.
Hardy Bienvenu.

Houlgard Louis.
Jourdin Julien.
Landry Jean, fr. des Pieds de Jésus.
Lecreps Joseph.
Lefebvre Vincent.
Legenissel René.
Lelièvre René, prêtre, ancien vicaire à Jublains.
Levêque Jean, à Saint-Georges-Buttavent.
Leroux Pierre, fr. Saint-Louis.
Malzy Charles.
Manceau François.
Marseul Jean.
Mesnage Jacques.
Montagu Jean.
Morenne François, fr. du Cœur-de-Jésus.
Moreau N...
Morice Charles.
Mottin Adrien, fr. Saint-Pierre.
Oger Jacques, fr. Saint-François-de-Sales.
Portais Julien.
Quesne Michel.
Rabier Jacques, maître-menuisier, à Sainte-Gemmes-le-Robert.
Rassicot René.
Roussin Michel, prêtre, principal du collège d'Evron.
Rouzière Jean, fr. Saint-Augustin.
Tasse François, fr. Saint-Joseph.

CHAPITRE VI

—

LE CAS DE CONSCIENCE D'UN JUGE. — MODE DE PRÉDI-
CATION DES CAPUCINS. — DU DANGER POUR LE CLERGÉ
DE LA SOCIÉTÉ DES FEMMES COQUETTES ET PARÉES,
D'APRÈS LE P. BALTHAZAR ; LES POÉSIES DE CE RELI-
GIEUX. — SOUVENIRS DE PLUSIEURS CAPUCINS DE
GRANDE PIÉTÉ.

La simplicité des fils de saint François, la familiarité
chrétienne de leurs manières peuvent surprendre des
personnes insuffisamment pénétrées de l'œuvre du fon-
dateur qui a voulu, avant tout, chez les siens la pauvreté et l'humilité. Ces vertus ont un faux air de bassesse et d'ignorance qui abusent quelque fois des esprits
sincères : l'apparence les induit en erreur.

La science ne manque pas plus aux capucins qu'aux
autres membres du clergé régulier. Ils possèdent surtout
celle de Dieu « scientia Dei » et sont des orateurs incom-
parables pour l'enseigner aux masses. Si l'on ne trouve
pas d'ordinaire dans les discours de leurs prédicateurs la
grâce et l'élégance du style, l'harmonie et le rythme, ils
ont, par ailleurs, l'éloquence vibrante qui émeut, une
chaleur communicative, un accent spécial de sincérité,
une puissance pénétrante d'impulsion, qui remuent le
cœur des auditeurs, attirent la sympathie, inspirent la
confiance et amènent la persuasion. Puis, pour employer
l'expression commune « ils prêchent d'exemple », et

cette éloquence muette sera toujours supérieure à celle des plus beaux et des plus savants discours.

Aux siècles passés, les capucins étaient tels qu'on les connaît aujourd'hui. A Mayenne, ils étudient et savent. Leur bibliothèque est garnie de nombreux volumes. Nous voyons les gardiens dépenser parfois jusqu'à 100# par an, en achats de livres [1], et la somme est importante, eu égard au peu de ressources du couvent.

Les religieux ne sont pas moins remarquables, au confessionnal que dans la chaire. Leur direction spirituelle est appréciée des âmes pieuses. On rencontre chez eux des casuistes sûrs dont la morale est loin d'être relâchée : ils ne veulent pas connaître les subtilités.

Les officiers du duché de Mayenne n'étaient sans doute pas tous d'une délicatesse irréprochable : ils recevaient des présents, s'en faisaient peut-être offrir. Un capucin de Mayenne eut à résoudre le cas de conscience suivant d'un magistrat qui ne s'était pas contenté de ses épices.

Un juge peut-il recevoir des dons et en solliciter ? Telle était la question.

La réponse du religieux est nette. Nous la donnons, dégagée des citations latines et en simplifions la rédaction :

« Il est permis au juge d'accepter quelques légers cadeaux soit en argent, soit en nature, mais ces cadeaux ne peuvent avoir l'importance de véritables présents.

« Les officiers publics qui touchent des présents, en dehors des gages attribués à leur charge, sont tenus à restitution parce qu'ils ont pour ainsi dire contracté

---

(1) La bibliothèque des capucins s'était enrichie des dons qui lui avaient été faits par Charles Herbelin, curé du Horps, Jean Legras, vicaire de Notre-Dame de Mayenne et Robert Verraquin, aumônier du duc de Brissac.

l'engagement envers le roi de l'exercer avec cette rémunération.

« Des présents leur ont-ils été donnés gracieusement et sans contrainte? Ils n'en sont pas moins tenus à restitution. A plus forte raison doivent-ils les rendre s'ils en ont exigé par deni de justice et par des longueurs, qui sont de véritables violences.

« Si l'on dit que les taxes et les gages ne sont pas en rapport avec le prix des offices, on répond que le roi a fait exprès ces taxes médiocres, afin que le prix des offices ne soit pas très élevé. Si l'ambition des officiers les a portés au prix actuel, il n'est pas juste que les parties en supportent la peine, ni que les officiers profitent de leur faute. Ils peuvent faire des remontrances au Conseil pour l'augmentation de leurs taxes, mais ils ne doivent pas de leur autorité les accroître ; cela conduirait finalement à d'extrêmes concussions.

« Cette personne (le juge) est donc tenue à restitution et doit la faire à la partie lésée et cela par main tierce, comme un confesseur, et empêcher, si elle a l'autorité, que cette mauvaise pratique se continue ».

De nombreuses ordonnances des rois de France interdisaient les présents faits aux juges par la partie, « *quia, ut aiunt sacræ scripturæ, xenia et dona obcæcant oculos judicum et mutant verba justorum.* »

Nous parlions de l'éloquence populaire des capucins. Pour se mettre à la portée du peuple, ils rejetaient toute pudibonderie, usaient du mot propre, fut-il trivial, et n'hésitaient pas à dramatiser leurs sermons.

A Sisteron, un capucin frappa l'esprit du peuple et obtint de nombreuses conversions en prêchant à genoux, jour et nuit, pendant quarante heures consécutives.

Les capucins donnent une mission à Chaumont en 1685. Le jour de la communion générale, deux d'entre eux, l'un dans la chaire, l'autre sur une estrade élevée devant le jubé prient le Christ avec de grands mouvements pathétiques, à genoux, la corde au cou ; puis, suivis de la foule, se rendent sur la place publique où l'on jette sur un bûcher préparé à l'avance plus de cinq cents livres profanes ou d'amour. Au cimetière où le peuple les a accompagnés, ils font un sermon sur le jugement dernier, en montrant aux assistants une tête de mort, et convertissent nombre de personnes.

En 1728, une grande mission eut lieu à Nîmes, et les pères purent faire, chaque nuit, de deux à quatre heures du matin, une procession très suivie.

Ces moyens et d'autres semblables, qu'on a traités par moquerie de capucinades, ont toujours réussi aux frères mineurs et montrent leur efficacité sur l'esprit et le cœur de ceux qui les entendent [1].

Un capucin célèbre, le P. Honoré de Cannes, sous une forme brutale et parfois étrange, « rendait terribles les vérités de la religion. Il brisait le cœur des hommes après avoir épanoui leur rate et les ramenait à une sainte tristesse après leur avoir inspiré une joie bouffonne. Il faisait sentir le sublime de la religion à travers des idées basses et des expressions communes. C'était, disait-on, un pain assaisonné pour le peuple ; cependant les honnêtes gens s'en rassasiaient et en ramassaient les miettes ». Prenant un jour en chaire une tête de mort, qu'il coiffa d'une fontange, il l'interpellait ainsi : « Ne serais-tu point la tête d'une de ces belles dames qui ne

(1) Ce genre de prédication risqua sans doute de brouiller les capucins avec le curé de Notre-Dame de Mayenne. Le 5 mai 1776, quatorze capucins commencèrent en cette paroisse une mission, qui avait pour directeur le P. Augustin de Saint-Malo, un ancien provincial. Le curé Lefebvre de Cheverus voulut apporter quelques changements à la manière d'agir des pères et imposer des usages contraires à ceux qu'ils pratiquaient d'ordinaire. Un moment arriva où le P. Augustin allait renvoyer les missionnaires et se retirer, mais l'on finit par s'entendre. La mission dura six semaines.

s'occupaient que du soin de prendre les cœurs à la pipée ? Qui ne dit rien consent, continuait-il. Eh bien, tête éventée, où sont ces beaux yeux qui jouaient si bien de la prunelle, cette bouche qui formait des ris si gracieux ? où sont ces dents qui mordaient tant de cœurs, ces oreilles mignonnes auxquelles tant de godelureaux ont chuchoté si souvent pour pouvoir entrer dans le cœur par cette porte ? où est ce fard, cette pommade et tant d'autres ingrédients dont tu t'enluminais le visage ? que sont devenus ces roses et ces lis naturels ou artificiels que tu laissais cueillir par des baisers impudiques ... »

Bourdaloue disait du P. Honoré : « Il écorche les oreilles, mais il déchire les cœurs et à ses sermons on rend les bourses qui ont été coupées aux miens » [1].

La bouffonnerie dans les sujets les plus graves n'étonnait pas trop alors : elle fut de mode. Dans son Histoire de l'Académie Française, Pélisson-Fontanier ne raconte-t-il pas qu'un docteur de Sorbonne osa mettre la Passion de Jésus-Christ en vers burlesques.

Que faut-il penser des mœurs des capucins ?

Les pages suivantes du P. Balthazar de Bellême nous diront assez quel esprit régnait alors à cet égard dans leurs couvents. S'adressant aux religieux et aux prêtres, il leur prêchait en quelque sorte l'horreur des femmes et leur signalait, en des termes dépouillés de tout euphémisme, les dangers de leur société :

« Si disait-il, l'on donne aux sensuels l'énigme du monde à expliquer, ils disent qu'il n'y a rien à comparer à une belle femme, bien parée et bien ahissée ; et cependant il en est tout au rebours au jugement du Saint-Esprit et du sage, qui assurent n'y avoir rien de si amer que la femme, qui est plus amère que la mort même ; que c'est un lacet des chasseurs, c'est-à-dire des

---

[1] *Bibliothèque des gens de cour*, tome I, p. 172.

démons, pour prendre et perdre les hommes fols et sensuels ; que son cœur est une seine pour attraper les hommes comme des poissons, et que les mains de la femme sont des liens et des chaînes pour les garotter et les mener en esclaves en enfer, après les avoir rendus malheureux toute leur vie.

« Saint Jérôme dit qu'une belle femme est la porte du diable, le chemin d'iniquité, la piqûre du scorpion, un génie très nuisible qui enflamme l'homme fol qui s'en approche de trop près, comme le feu fait l'étoupe sèche, qui corrompt la conscience de l'homme qui demeure avec elle, et qui brûle et consomme le fondement des montagnes, c'est-à-dire qui renverse les hommes les plus doctes, les plus sages et les plus chastes qui s'y fient. *Mulier pulchra est janua diaboli, via iniquitatis, scorpionis percussio.*

« Saint Bernard assure que de demeurer longtemps avec une femme sans la toucher et pécher avec elle, c'est un plus grand miracle que de ressusciter un mort. *Cùm feminâ frequenter esse, feminam non tangere, nonne plùs est quàm mortuum suscitare ?*

« Saint Jean Chrysostome dit qu'une belle femme est un sépulcre blanchi et doré, si ce n'est qu'elle soit fort chaste, bien sobre et pudique, voire désireuse de se cacher, car autrement la beauté sans ces vertus est un précipice tout ouvert, un venin subtil, préparé aux insensés pour les tuer et les perdre.

« O, prêtres du Dieu vivant, comment osez-vous demeurer enfermés avec des femmes et servantes ou chambrières en même maison ; pourquoi exposez-vous ainsi votre salut éternel à si bon marché ?

« O, prédicateurs, si vous êtes apostoliques, que ne tâchez vous de faire voir à tous ces prêtres infortunés le péril où ils sont de tenir ces ennemies de leur âme chez eux, où il leur serait bien plus expédient de loger quelques horribles serpents. *Mundus et mulier non facilè aliterque quàm fugiendo vincuntur*, dit Saint-Augustin.

Que voit-on dans une belle femme, qu'une marchandise fardée et un fumier très puant, couvert de neige. Considérez que dans peu de temps vous verrez ses beaux atours, par lambeaux, sur des fumiers pourris. Pénétrez sous ces jupes de satin, et vous y verrez des intestins et des boyaux pleins d'une matière si horriblement puante qu'elle vous fera bondir le cœur. Jetez les yeux sur ces pimpantes qui vous charment et sur ces lèvres de corail, et vous verrez tout cela avec ces gorges d'ivoire, en un instant flétri comme une fleur et les vers grouiller là-dessus, aussitôt que la mort y aura passé, qui sera peut être le même jour que vous admirerez cette carcasse et trompeuse beauté, qui damne et réprouve souvent ceux qui y prennent plaisir et qui l'admirent, ainsi que l'assure le Saint-Esprit : *Speciem mulieris alienæ multi admirati reprobi facti sunt; colloquium enim illius quasi ignis exardescit.*

« Voyez un peu combien le cajol de ces cajoleuses est dangereux, même aux plus saints religieux et aux prêtres à qui le diable en veut plus particulièrement. Saint Augustin proteste à ses frères religieux qu'il a vu des hommes, élevés en science et en vertu comme des cèdres du Liban, dont il avait autant d'estime que de saint Grégoire et saint Ambroise, lesquels, pour avoir fréquenté ces causeuses et babillardes, se sont perdus et précipités misérablement. Fuyez, mes frères, dit ce grand saint, les lacets et les pièges de ces harpies, si vous ne voulez faire naufrage, car vous n'êtes pas plus saints que David, ni plus sages que Salomon, ni plus forts que Samson, qui s'y sont tous perdus. Si vous êtes obligés de parler à elles par charité et obéissance, et non par inclination, que ce soit en paroles mâles, cour-

tes et de choses sérieuses et profitables à leur salut,
sans les flatter en leurs vanités et dans le luxe de leurs
habits, qui souvent sont cause de leur damnation. Oh,
que fols sont les religieux qui quittent Dieu et son service pour aller cajoler et perdre le temps misérablement avec ces coquettes et qui, au lieu d'assister à vêpres, à complies et à l'oraison pour servir Dieu et édifier
leurs frères, vont badiner avec ce sexe qui remplit leur
imagination de mille impuretés, leur concupiscence de
toutes saletés, et qui met tout leur intérieur en confusion,
d'où s'ensuit tant de désordres dans leur vie que souvent la fin en est très dangereuse et douteuse, comme
on l'a vu en quelques-uns adonnés à ce commerce,
qu'on a trouvés raides morts, la porte fermée sur eux,
pour être, après avoir été repris de Dieu, retournés à
leurs pratiques.

« Enfin, tous les sensuels efféminés, pour expliquer
très mal l'énigme du monde, ne remportent autre prix
que troubles et confusions d'esprit et, à la fin, l'enfer,
ce pendant que les chastes et amateurs de la pure solitude et de la divine psalmodie goûtent les doux baisers
de Dieu, jouissent d'une paix toute divine, donnent bon
exemple à tous et soupirent, avec une sainte assurance,
après la couronne céleste réservée aux humbles et bien
purs de cœur, de corps et d'esprit. Plaise à Dieu que
nous soyons du nombre ».

En vantant la correspondance édifiante du P. Gabriel d'Ernée, prédicateur de talent et homme de grande
vertu, le P. Balthazar de Bellême parlait ainsi :

« On y apprendra, — à aller prêcher, (comme il le
faisait), aux pauvres villageois plus volontiers qu'aux
audiences d'un beau monde bien paré, dont on fait tant
d'état faute de la lumière de notre soleil de grâce, — à
édifier par le bon exemple son prochain, plus que par

ses paroles, — à conserver le fruit de ses prédications par une prompte retraite au couvent et un silence auquel il était si fidèle que jamais paroles inutiles ne sortaient de sa bouche, estimant les bouffonnes et raillardes comme autant de blasphèmes.

« Il n'estimait pas moins le couvent, l'élément de son salut et de la vie de la grâce, que le poisson fait de l'eau, hors laquelle il est en continuel danger de sa vie et d'être dévoré des chiens. C'est pourquoi il ne s'est jamais amusé, après avoir prêché, avec femmes et filles bien parées, à jouer à la boule, aux dames, aux cartes, aux échecs, ni à aucun autre jeu, ayant cela en horreur. Aussi, n'a-t-il pas encouru le malheur arrivé à un religieux, dans ce mois de juin de l'an présent 1662, lequel s'étant amusé aux quilles avec des gentilshommes séculiers se piqua de paroles ; ensuite de quoi, un gentilhomme mit la main à l'épée et en traversa le ventre du religieux, lequel porta une main pour contenir ses boyaux qui sortaient, et de l'autre main prit une quille et en donna de telle raideur sur la tête de son meurtrier qu'il le tua tout net sur la place. Voilà le profit que ce religieux a fait de jouer avec des séculiers où il a trouvé la mort temporelle, moins fâcheuse que celle que les religieux rencontrent aisément en jouant avec des femmes et filles bien affublées et cajoleuses, le vrai venin des personnes consacrées à Dieu, comme font ces religieux et ces prêtres qui devraient avoir éternellement en horreur ces jeux qui scandalisent leur ordre et leur caractère...

« A propos de femmes, continuait le P. Balthazar, voici une réponse bien considérable que fit un jour un religieux capucin.

« On lui disait : Comment se fait-il que les demoiselles et filles bien parées ne vous viennent plus trouver et que l'on ne voit plus avec vous que des pauvres servantes, de vieilles femmes toutes chassieuses, crasseuses,

ridées et les yeux pleins de cire et bordés d'écarlate,
toutes de basse et moyenne condition ?

« Je suis, répondit-il, fort aise de contenter votre curiosité. Vous devez savoir que, prenant je ne sais quel
plaisir et vaine satisfaction dans l'entretien de ces belles
et bien mises créatures, un rayon de notre soleil de grâce
divine me passant des yeux au cœur, me fit sentir et
goûter, en un instant, le danger où je m'exposais par
mes complaisances envers ces muguettes et délicates, me
disant intérieurement que ces créatures, au jugement
de Dieu, m'arracheraient les yeux pour avoir vu le mauvais chemin qu'elles tenaient pour leur salut, sans les
avoir bien sérieusement averties et corrigées, et qu'elles
en demanderaient à Dieu justice et vengeance contre
moi et mes semblables. Ce rayon fut si pénétrant et si
vif qu'il me fit prendre de bonnes résolutions et, en effet,
deux cajoleuses m'étant venues voir, avec leurs bras
découverts jusqu'au coude et ornées de tout le vain
attirail de ce sexe mondain, animé de l'esprit principal,
exempt de toute molle lâcheté et vain respect, je leur
dis :

« Or sus, comme vous m'avez parlé de vos affaires,
je veux aussi vous parler en bon et vrai frère chrétien
et plus véritable ami de vos âmes. Ecoutez moi donc :
croyez vous, en bonne conscience, d'être au chemin du
ciel et d'aller en paradis, ayant les bras tout nus jusqu'au
coude, les épaules et le sein tout découverts, — avec
des toiles claires et transparentes pour en adoucir la
vue et rendre ces parties plus sensuellement délectables
à la concupiscence, — avec tant de galants [1] et rubans
sur vos gants et sur tout votre corps, — avec tant de
dentelles de grand prix, — avec de si riches jupes de
satin, — avec des patins [2] tout brodés d'or et de soie,

[1] Nœuds de rubans.
[2] Souliers.

— et avec tant de mercerie et folles béatilles, — enfin bien plus semblables à des comédiennes et bateleuses de théâtre qu'à des chrétiennes, filles d'un Jésus-Christ crucifié. Pour moi, je ne désire pas que ma langue et mes yeux approuvent ce que mon pauvre vieux et rapetacé habit condamne et qu'un jour vous me reprochiez devant Dieu de vous avoir vu marcher dans un si dangereux chemin pour votre salut, en suivant le monde ennemi de Dieu, comme vous le faites, et servir au diable de piéges, de filets et de rets pour perdre les âmes rachetées au sang de Jésus-Christ, comme font tous ces vains atours et honteuses nudités, inventées des démons pour détruire la modestie que Jésus a enseignée et pratiquée, sans vous en avertir. C'est pourquoi, je vous dis nettement que je désapprouve tout cet attirail et vous assure, de la part de Dieu, qu'en suivant ainsi le monde et ses maximes, vous ne pouvez espérer de Dieu autre récompense que celle du monde, que vous ne pouvez qu'être privées du secours des prières de Jésus-Christ qui proteste de ne point prier pour le monde, ni pour ses sectateurs, et aussi de trouver à votre mort le paradis fermé pour vous. Prenez-y garde. Habillez-vous modestement à la chrétienne, avec de beau linge blanc, sans tant de dentelles superflues ; couvrez vos bras jusqu'à la main, vos épaules et votre sein pareillement, en sorte que votre modestie jette la pureté dans les âmes et non le feu diabolique d'une concupiscence déréglée, comme vous avez fait jusqu'ici. Otez toutes ces belles cordelières de galants de vos têtes et de vos cheveux ; donnez l'argent de toutes ces dentelles, rubans et galants aux pauvres membres de Jésus-Christ, tout nus, et en faites vos galants désormais. Cessez, cessez d'être ennemies et destructrices de la modestie de Jésus-Christ et de sa très-sainte mère, le parfait modèle des femmes et filles chrétiennes, et je vous donne parole que vous aurez Jésus-

Christ pour frère et intercesseur envers Dieu, qui sera votre père et qui vous fera héritiers de son paradis où jamais la folie du monde n'entrera assurément.

« Ayant dit cela à ces dames mondaines et d'autres encore, elles s'en allèrent fort tristes et honteuses, n'ayant pas pris plaisir à mon entretien, et, comme les femmes sont peu secrètes, elles ont publié aux autres ma petite prédication et m'ont fort discrédité parmi les pimpantes, lesquelles, grâce à Dieu, ne me viennent plus importuner de leur visite, comme elles faisaient volontiers au péril de mon salut propre, de sorte que voilà la raison pourquoi je n'ai plus que les vieilles chassieuses et décrépites, que les mendiantes, les pauvres servantes, chambrières et autres filles fort simples et modestes, à qui je parle très librement des tromperies du monde et du diable, du chemin étroit du ciel, du peu qui y marchent et parviennent, de la facilité qu'il y a à se damner, du grand nombre des chrétiens qui se damnent par le luxe et la vanité du siècle, du bonheur des basses et pauvres conditions, si elles ont pour compagnes l'humilité et la patience. Je leur explique le *Pater Noster*, le *Credo* et les commandements de Dieu et elles écoutent et goûtent cela comme une manne venue du ciel. Elles en font grand profit, et j'en demeure consolé, restant éternellement obligé à Dieu de m'avoir pénétré d'un rayon de soleil de sa sainte grâce, qui m'a éloigné et délivré des visites et moux entretiens de toutes ces muguettes. De quoi, mon âme jouit d'un repos, inexprimable si on ne l'a goûté ».

Ces citations, données in extenso par fidélité historique, bien que plusieurs expressions en soient choquantes, nous montrent que le goût et la délicatesse faisaient absolument défaut au P. Balthazar. Il ne se doutait pas qu'il existe des réalités scatologiques dont un pinceau ne doit jamais se salir et, dans la nature, des visions sensuelles qu'un prédicateur n'évoque point sans imprudence, les montrât-il au travers du voile le plus épais.

Mais, le clergé de la province de Bretagne était-il donc tellement coupable qu'il lui fallût des exhortations aussi véhémentes que celles qui précèdent pour l'amener à son devoir ? Non, assurément : le désordre n'y régnait pas, comme on pourrait le penser, mais il est certain que quelques prêtres et même des religieux avaient alors besoin de vertes leçons touchant la continence. Fils de paysans nécessiteux qui cherchaient le vivre et le couvert, bourgeois ambitieux en quête de bonnes prébendes ou de riches chapellenies, cadets de la noblesse dont la famille voulait se débarrasser, tous entraient d'ordinaire dans les ordres sans grande vocation et parmi eux il y en avait dont la vie était irrégulière. C'est dans ce milieu que la Révolution trouva une partie de son clergé constitutionnel.

Rappelant la vertu des anciens religieux de l'ordre, le P. Balthazar écrivait :

> Ils avaient dans le cœur la chasteté logée
> Et, pour la conserver, tenaient l'âme plongée
> Ès pensers de l'enfer, remède souverain
> Pour empêcher l'effet du poison féminin.

Nous connaissons le P. Balthazar dans ses entretiens familiers. Quelques citations nous feront apprécier le versificateur.

De l'obligation pour un religieux de fuir sa famille :

> Laissez, a dit Jésus, père, mère et parents,
> Si vous avez dessein d'être de mes enfants.
> O Dieu, que les anciens aimaient cette doctrine
> Et qu'ils l'avaient gravée au fond de leur poitrine.

Ils fuyaient leurs parents et leurs amis charnels,
Comme de leur salut leur ennemis mortels.
Ils ne voulaient savoir l'état de leurs affaires,
Fermant le cœur à tout, fussent-elles prospères.
A courir dans leur pays, ils ne demandaient pas.
Cet air leur faisait mal, et ils n'y allaient pas.
Crainte de retrouver ce qu'avec tant de peine,
Ils avaient, pour leur Dieu, la bonté souveraine,
Quitté et délaissé, laissant les morts aux morts,
Pour les ensevelir et enterrer leurs corps.
Ame dédiée à Dieu, hélas ! que vas-tu faire
Chez des parents charnels, si ce n'est pour leur plaire
Et souvent les flatter dans l'état dangereux,
Qui fait perdre le ciel et à toi et à eux.
Si tu fais avec eux tant soit peu bonne chère,
Ou, si tu aimes mieux paraître un peu austère,
Ou tu les scandalises en faisant le gaillard,
Ou ils t'estimeront hypocrite et frocard.
Voilà le grand profit qu'on fait dans sa patrie
Où aucun n'est prophète ; ainsi Jésus le crie.
Jeunesse, imitez donc la ferveur des anciens
Et fuyez votre pays, vos amis et parents,
Si vous avez désir de la vie éternelle.
Fuyez, fuyez de cœur toute la parentelle,
Car, au lieu de conduire à l'empire des cieux,
Elle conduit souvent aux cachots ténébreux.

La nourriture d'un religieux doit être semblable à celle
de ses frères :

Un religieux sensuel, avec un seul morceau,
Fait ce qu'Adam a fait et se met le cordeau
Au col, qui le perdra, par une friandise,
Combien que ce ne fut qu'une seule cerise.

Religieux, mon ami, veux-tu mettre en hasard
Ton salut éternel, pour un morceau de lard,
Pour un peu de fromage, un ail, une échalotte,
Qui te font devant tous digne de la marotte ?

Il est indigne d'un religieux de donner des sobriquets à ses frères :

> Les sages et bien nés de nos pères anciens
> Reprenaient fortement tous les impertinents,
> Donneurs de sobriquets, qu'ils appelaient canailles,
> Engeance de laquais qui ne vaut rien qui vaille,
> Indignes de l'habit du nom de religieux,
> Pour ne pas honorer, comme on fait dans les cieux,
> Les images de Dieu que les anges révèrent
> Et que ces insolents chargent de vitupères.'

Cueillons plusieurs pensées de notre capucin, encore qu'elles ne soient pas neuves :

« Il ne faut pas montrer tout le bien que l'on possède, ni tout le mal que l'on souffre. C'est imprudence de découvrir son faible et discrétion de le cacher. Qui le montre s'expose à divers dangers et à beaucoup de trouble et qui le cache repose entre les bras de la paix et de la sécurité. »

« La jeunesse est folle qui veut jouir du repos de la vieillesse et qui veut user de ce qu'elle n'a pas encore acquis. »

> Beauté avec chasteté,
> Jeunesse avec solidité,
> Et vieillesse sans maladie
> Vont rarement de compagnie,

« Ce n'est pas mal fait quelquefois, quand on nous charge par trop de médisance ou qu'on les débite avec trop d'insolence ou d'artifice, pour nous rendre ridicules ou odieux, de faire voir que l'agneau devient lion et que la colombe prend les plumes et les ongles de l'aigle. »

Le P. Balthazar exhorte sans cesse les hommes à la pénitence, au mépris des richesses, de la vaine science, des honneurs terrestres, de la sensualité. Il vante l'excellence des maladies et spécialement de la goutte, comme moyen de sanctification.

> Aux goutteux séraphiques, salut.
> Puisez ici, goutteux, le remède à vos gouttes.
> Prenez de la croix l'excellente liqueur ;
> Elle fortifiera grandement votre cœur,
> Et vous enseignera du ciel les droites routes.
> Remède excellent à la goutte fâcheuse,
> C'est de prendre du sang très-précieux de Jésus
> Et d'un ardent amour l'appliquer droit dessus.
> Le remède est certain, rend la goutte heureuse.

Le vieux capucin n'entendait pas seulement, par la goutte, la maladie de ce nom, mais aussi toutes souffrances des pieds et des mains. Le titre d'un de ses poèmes en quatre-vingt-huit strophes de quatre vers, « Aux goutteux patients et dévots », laisse supposer que lui-même était atteint de la goutte.

En voici quelques quatrains :

> J'épuiserais plutôt l'océan de ses eaux,
> Je compterais plutôt les étoiles brillantes,
> Le sable de la mer, les plumes des oiseaux
> Que les riches trésors des gouttes mordicantes.

> Jésus-Christ est le prince et le roi des goutteux,
> Lorsqu'aux pieds et ès mains, pour nous il endure
> Des douleurs et des maux si violents et fâcheux
> Qu'il ne s'en est point vu de pareille nature.

> Trois grands amis de Dieu, Jésus, Pierre et François,
> Sont entrés dans les cieux aux mains et pieds la goutte,
> Pour vraiment enseigner à nos goutteux gaulois,
> Que c'est un don de Dieu d'aller par cette route.

> L'homme, qui a trouvé une femme rioteuse,
> Est dans le grand chemin pour devenir martyr ;
> Il souffre plus de maux que la goutte fâcheuse
> En mille ans n'en ferait à un goutteux souffrir.

Finissons ces citations par ce passage d'une poésie où le P. Balthazar célèbre les charmes de la mort :

> Mort, que tu es amère à tous ces gros richards,
> Qui possèdent en paix abondantes richesses,
> Qui boivent du meilleur, qui sont sains et gaillards,
> Car ton seul souvenir les comble de tristesse.
>
> Mais que la mort est douce à une âme affligée,
> A un pauvre Lazare, au goutteux languissant,
> Qui ont leur espérance au ciel toute logée
> Et qui n'ont ici bas que misère et tourment.

Les souvenirs de vertu et de piété laissés à Mayenne, par les capucins sont nombreux. Nous devons nous borner à en citer quelques traits.

Les religieux y prêchèrent l'Avent et le Carême de l'année 1692. Le P. Grégoire de Rennes se trouvait à la première de ces stations, mais, après avoir donné quelques instructions, il tomba malade et mourut en peu de jours. « Le bruit de sa prédication et de sa bonne vie attira tout le monde à sa sépulture. Le peuple emporta des morceaux de son habit, et les plus considérables de la ville voulurent avoir quelque chose qui eût été à son usage. Ce moine avait eu trois frères également capucins, tous docteurs. Ils étaient fils d'un conseiller au parlement de Bretagne. Le P. Grégoire fut un fameux prédicateur, grand missionnaire et aux sermons duquel les plus fiers pécheurs ne pouvaient refuser les larmes. Son air vénérable imposait ; sa voix de tonnerre éclatait et frappait ; sa morale pressante convainquait et touchait, et tout en lui parlait, ses regards comme son geste, lorsqu'il était en chaire ».

Nous trouvons dans un rapport du P. Léon, du 12 janvier 1696, les notes suivantes :

« Le F. Rogatien de Nantes, clerc, mourut subitement

dans le couvent de Mayenne, le 13 janvier 1650, au matin. On remarqua en lui plus de beauté après la mort, qu'il n'en eut jamais pendant sa vie, et, un air vénérable s'étant répandu sur son visage, les religieux et les gens du dehors en furent charmés ».

« En 1658, mourut au couvent de Mayenne le P. Esprit du Mans, aussi célèbre par ses vertus que par ses prédications. Il avait souhaité et demandé à Dieu la grâce de mourir le jour de la fête de saint François, ce qui arriva le 4 octobre, à midi. La nouvelle de sa mort attira à l'église une grande foule. Les fidèles ne pouvaient se lasser de le regarder, de lui baiser les pieds et les mains, coupaient des morceaux de son habit pour en faire de véritables reliques et faisaient toucher leurs chapelets à son corps ».

Quatre capucins moururent à Mayenne en janvier et février 1671.

« L'un d'eux, le P. Timothée de Mayenne, dont la mémoire fut en vénération pendant longtemps dans la ville, s'était distingué par la charité avec laquelle il consolait et assistait les affligés et les malades, par le zèle infatigable avec lequel il entendait les confessions du peuple, zèle qu'il conserva après avoir perdu la vue, continuant à assister le prochain par ses conseils et à recevoir les pécheurs à la pénitence avec une égale fidélité, se trouvant régulièrement au chœur la nuit aussi bien que le jour, sans rien rabattre des plus rigoureuses austérités de la Communauté.

« Dans sa pénible position, il fut moins affligé de la privation du jour que de celle de ne pouvoir dire la messe. Il demanda à Dieu autant de clarté qu'il en fallait pour célébrer ce divin mystère, et Dieu ne fut pas sourd à la voix de cet aveugle, car, après six ans de prières pour obtenir cette faveur, assistant un jour à la messe conventuelle, il dit au P. Gardien près duquel il était, qu'il voyait le prêtre à l'autel, ce qui se trouva si véritable que pendant le reste de sa vie, qui fut de six autres années, il eut autant de vue qu'il en fallait pour dire la messe des morts et de la Vierge, aux fêtes mêmes les plus solennelles de l'Eglise, avec la dispense que le pape lui donna.

« Se voyant attaqué de la maladie dont il mourut, le jour de la Purification il pria la Sainte Vierge, pour laquelle il avait toujours eu une tendre dévotion, de présenter son âme à Dieu ainsi qu'elle lui présentait son fils, et ce fut après cette prière qu'il expira tranquillement pendant qu'on chantait les litanies de celle entre les mains de laquelle il avait mis son âme ».

« Le 26 mars 1773, mourut au couvent de Mayenne le P. François-Xavier de la Flèche, qui en était gardien. Il avait quarante-six ans dont vingt-huit de religion. Ses vertus, ses talents, la douceur de son caractère, son gouvernement sage, prudent, aimable, son zèle pour le salut des âmes, surtout au tribunal de la pénitence, l'avaient rendu cher à tous, à sa famille, aux grands et au peuple. Une épidémie de fièvre régnait à Mayenne et il avait contracté le germe de cette maladie de laquelle il succomba, en allant consoler les personnes qui en étaient atteintes. Ses funérailles furent faites le lendemain. Lefebre de Cheverus, curé de Mayenne, vint aux Capucins chanter une messe solennelle, accompagné de tout son clergé et de celui du faubourg Saint-Martin. L'évêque de Dol, Mgr de Hercé, alors à Mayenne, y assistait avec son frère qui était son grand vicaire. Les obsèques furent faites à six heures du soir par le curé de Notre-Dame, assisté du même clergé, des personnes marquantes de la ville et de nombreux prêtres de la

campagne. On ne put descendre le corps du vénérable
religieux dans la fosse et il resta exposé dans la chapelle de la Vierge, confié à la garde de deux sergents de
ville. Le surlendemain, les bernardins de Fontaine-
Daniel vinrent faire un service solennel dans l'église des
capucins pour le repos de son âme. »

CHAPITRE VII

—

Fête de la canonisation de Saint Félix de Cantalice, premier saint de l'ordre des capucins.
— Fêtes diverses. — Une relique de la vraie
croix. — Service solennel pour le repos de
l'ame du P. Aimé de Lamballe, général de
l'ordre. — Translation de reliques. — Fêtes
en l'honneur de Saint Laurent de Brindes.

Le 16 juin 1712, le pape ordonna qu'on ferait dans tous les couvents de l'ordre des capucins la fête de la canonisation de saint Félix de Cantalice et accorda à cette occasion une indulgence plénière.

Cette fête devait durer huit jours, et le monastère de Mayenne la célébra avec une pompe inusitée.

Saint Félix, frère lai des capucins, né en 1625 au petit bourg de Cantalice, au pied des Apennins, sur les confins de l'Ombrie et de la Sabine, décédé à Rome en 1687, avait émerveillé la Ville éternelle par son humilité, sa patience, sa discrétion, son extrême pauvreté. Lorsqu'il partait pour la quête avec son compagnon, il lui disait souvent : « Allons, mon frère, le chapelet à la « main, les yeux en terre et l'esprit au ciel. » Son portrait nous le montre dans cette attitude pieuse. Béatifié par Urbain VIII, il venait d'être canonisé par Clément XI [1].

---

[1] Vie des Saints des trois ordres séraphiques : *Saint-Félix de Cantalice,* par M. Berguin, tierçaire et le P. Euthyme Chapuis. La bulle de canonisation du saint ne fut publiée qu'en 1724, par Benoit XIII.

« La fête commença le 12 du mois de mai 1713, pour
finir le jour de la mort de ce saint, qui est le 18 du
même mois. A la vérité on se pressa un peu trop, à
cause du chapitre qui devait se tenir au commencement
de juillet à Saint-Brieuc, et on ne fut que quinze jours
à préparer tout ce qui était nécessaire pour la cérémonie.

« L'église du couvent d'abord fut parée depuis le lambris jusqu'au pavé des plus belles tapisseries qu'on avait
pu trouver dans la ville, avec de grands tableaux qu'on
mit à l'entour de distance en distance.

« Le grand autel particulièrement était très magnifique, à cause qu'on l'avait fait à trois faces, car, cou-
pant à travers, depuis où l'on met les cierges pour la
messe, d'un côté jusqu'à la porte de l'allée de la sacristie, de l'autre côté jusqu'à la porte du cloître, cela faisait
comme trois différents autels, qui laissaient, par dessous,
des deux côtés, l'entrée du chœur libre en levant seulement une petite tapisserie de soie qui servait comme de
devant d'autel.

« Sur l'autel du milieu, qui faisait enfoncement par
rapport aux deux autres, était le Saint-Sacrement. Sur
celui de la main droite, était l'image de Saint-François
en bosse, en habit de capucin, qui présentait une couronne à saint Félix qui se trouvait sur l'autre autel à
la main gauche.

« Au dessus de chacun de ces trois autels, à une certaine hauteur, était une grande glace dans le milieu.
Au côté, on en avait mis de médiocres entremêlées avec
des ovales dorées, comme aussi étaient les cadres de ces
glaces, le tout à peu près de même grandeur.

« Sur les gradins, on avait des anges qui, répondant
les uns aux autres, faisaient chacun leur figure particulière, avec un grand nombre de tableaux, de bouquets,
de cierges, les uns plus gros, les autres plus petits, selon
la symétrie qu'on avait tâché d'y garder exactement.

« On avait les grands chandeliers d'argent de la paroisse Notre-Dame et toute leur autre argenterie que messieurs les sacristes nous prêtèrent.

« Le devant du rateau était à peu près orné de la même manière que les gradins, mais dessus, outre les bouquets de distance en distance, on avait placé certains chandeliers faits exprès, qui portaient chacun de vingt à trente cierges. Il y en avait encore deux autres semblables, mais incomparablement plus grands, qui pendaient du haut de l'église, et qu'on baissait où élevait quand il fallait allumer ou éteindre les cierges.

« Enfin dans l'église, du côté et au-dessus des chapelles, on avait fait un autel particulier à saint Félix, où était un grand tableau de ce saint, et au-dessus le beau dais de Saint-Martin, qu'on nous avait prêté. Cet autel était très propre, d'autant plus que les demoiselles de la ville en prirent le soin et n'épargnèrent rien pour le bien parer. Pendant toute l'octave, le peuple y eut beaucoup de dévotion, et, quoiqu'il y eut nombre de prêtres en la Communauté et même ceux de la ville, on ne put pas satisfaire à toutes les messes qu'on demandait de tous côtés à l'honneur de saint Félix.

« Le jour devant que de commencer la cérémonie, le père gardien alla prier messieurs les curés de la ville et du faubourg d'assister avec tout leur clergé à la procession générale, qui devait se faire le lendemain, selon l'intention de monseigneur l'évêque du Mans, qui l'avait ainsi ordonné par son mandement. Il fit aussi la même chose aux officiers de la ville et les pria tous de se trouver à cette procession, chacun à la tête de leur corps ; mais ces derniers n'en firent rien, car, quoiqu'ils eussent fait avancer leur audience et qu'ils fussent venus tous en robe à l'église pour assister à la procession, néanmoins, s'étant trouvé entre eux quelques difficultés

...RA EFFIGIES...
...ELLIS CAPVCINI...

pour le pas, ils renvoyèrent leur robe et sans garder aucun rang suivirent la procession.

« Le lendemain vendredi, sur les neuf heures du matin, comme on était convenu avec messieurs les curés de la ville et de Saint-Martin, nous allâmes donc, la croix levée, à la paroisse de Mayenne. Deux religieux en dalmatique portaient chacun leur bannière rolée sous le bras, et le père gardien avait en sa main la bulle du pape et le mandement de monseigneur l'évêque du Mans au sujet de cette cérémonie, l'un et l'autre dans une même feuille. Quand nous fûmes arrivés à la porte de l'église, où M. le doyen nous attendait avec tout le clergé, rangé en haie des deux côtés, le père gardien, après lui avoir fait son compliment, lui présenta la bulle, et, sitôt que nous fûmes entrés dans le chœur, il (le doyen) monta en chaire pour l'expliquer, aussi bien que les intentions de monseigneur du Mans, qui étaient spécifiées dans son mandement avec l'ordre qu'on garderait dans cette cérémonie. Il réussit admirablement bien en tout cela, et dans ce discours, qui dura peut-être trois quarts d'heure, il dit tout ce qu'on peut dire de plus obligeant de tous les capucins en général et en particulier de ceux qui composaient actuellement la famille de Mayenne. Et après avoir exhorté tout le monde à gagner cette indulgence, il descendit de chaire et vint bénir solennellement nos bannières, que nos religieux avaient étendues sur l'autel.

« Tout étant ainsi préparé, et nos bannières montées et portées par les deux religieux à qui on avait donné des dalmatiques, nous commençâmes la procession générale pour l'ouverture de cette cérémonie. Nous allâmes sur la place dont nous fîmes le tour et ensuite prîmes le chemin des Capucins où nous arrivâmes sur les onze heures. M. le curé doyen dit la grand'messe avec toutes les solennités qu'on a coutume de garder en

ces sortes de rencontres, et fit l'exposition du Saint-
Sacrement, qui fut toujours exposé pendant cette octave.
A la fin de la messe, comme ces messieurs devaient officier toute la journée dans notre église, le père gardien
les mena tous au réfectoire avec plusieurs autres curés
et prêtres des paroisses voisines, qui vinrent par dévotion à cette procession, de sorte que dans ce jour-là
ils se trouvèrent tant curés que prêtres trente au réfectoire, où l'on avait dressé au milieu une grande table
qui servait pour les curés, les prêtres et les prédicateurs.
Le père gardien s'y mettait avec eux ou le père vicaire
en son absence. Pour les autres religieux de la famille
de Mayenne ou de Laval qui étaient venus nous aider,
ils demeurèrent toujours à leur table ordinaire et selon
leur rang de religion.

« A trois heures, tous nos messieurs allèrent chanter
vêpres, où M. le doyen continua d'officier. Le sermon
immédiatement après fut fait par le prieur des bernardins de Clermont, homme de science et de vertu, qui
dit sur ce grand jour tout ce qu'on pouvait en dire à la
louange de saint Félix. Après le sermon, en attendant
qu'on se préparât à faire la bénédiction du Saint-Sacrement, on chanta complies. Complies finies, M. le doyen,
toujours bien intentionné pour exciter et donner de la
dévotion au peuple, jugea à propos qu'on fît la procession autour de la cour et du cloître avec le Saint-Sacrement. Tous les prêtres et les religieux prirent des cierges,
et quantité de séculiers des principaux de la ville en
demandèrent aussi. Cette procession avec le Saint-Sacrement fut très magnifique, à cause du grand monde qui
s'y trouva ; la cour, le cloître, le parvis et l'église ne
pouvaient pas le contenir pour recevoir la bénédiction.

« Ce jour régla tous les autres de l'octave, car on
garda à peu près le même ordre pour les paroisses de

campagne qui vinrent chacune pour officier dans notre
église. On allait le matin, à l'heure marquée, les recevoir à la porte de la ville avec la croix et la bannière,
et, marchant devant,on les conduisait à l'église. Le soir,
on les reconduisait au même lieu où on les avait trouvés le matin, avec la même cérémonie. En allant et en
retournant, on chantait les litanies de saint Félix ; mais
comme il n'y avait pas assez de prêtres en chaque paroisse, ceux de Mayenne se joignaient obligeamment à
eux pour leur aider à officier plus magnifiquement ;
ordinairement les uns et les autres demeuraient à dîner
à la communauté, soit pour tenir compagnie au prédicateur, soit aussi pour se trouver plus facilement à
l'heure de chanter vêpres. Outre la conventuelle particulière à nous autres, ces messieurs disaient une grand'
messe tous les jours sur les dix heures et demie, et celui
qui avait dit sa grand'messe disait aussi vêpres, portait le Saint-Sacrement et faisait la bénédiction.

« A l'égard des prédicateurs, quoiqu'ils fussent sans
contredit les meilleurs du pays, ils ne réussirent pas
tous également ; mais enfin il n'y en eut pas un dont le
public ne fût content et ne l'approuvât en ce qu'il avait
dit de saint Félix.

« Les deux vicaires de Mayenne et celui de Saint-Martin,
pour suppléer à trois paroisses qui nous manquèrent,
officièrent chacun un jour. Les messieurs du Collège et
le principal à leur tête officièrent aussi un jour et ame-
nèrent leurs écoliers en procession, dont la plus grande
partie firent leurs dévotions.

« Enfin, M. le doyen de Mayenne ayant fait l'ouverture
de la cérémonie, M. le curé de Saint-Martin en fit la
clôture. Le dernier jour, après la bénédiction du Saint-
Sacrement qui fut avancée d'une heure, messieurs les
prêtres de Mayenne vinrent se joindre à ceux de Saint-
Martin, et tous ensemble, dans l'église, nous élevâmes

notre bannière en chantant le *Te Deum*. Ensuite, pour finir comme nous avions commencé, on fit un grande procession générale pour porter l'autre bannière à la paroisse de Mayenne, dont les capucins voulaient lui faire présent. A la sortie de la grande porte, on avait préparé des feux de joie, que les deux curés et les deux juges de Mayenne allumèrent en passant, le père gardien leur ayant présenté à tous quatre chacun un flambeau, sans néanmoins déranger n'y retarder la procession. Comme nous allions devant, nous nous arrêtâmes à la porte de l'église, et le père gardien fut détacher la bannière qu'on avait portée, dans cette procession comme en toutes les autres devant la croix, et deux clers en surplis la soutenant par les deux côtés, il attendit M. le doyen et la lui présenta comme un témoignage de sa reconnaissance et de celle de tous les capucins, de la manière honnête et obligeante dont il en avait toujours agi à leur égard, mais particulièrement en cette cérémonie. Ce compliment ne fut pas long car il était déjà tard. Toute la procession entra dans l'église et demeura dans la nef, où, pendant qu'on élevait la bannière, on chanta encore une fois le *Te Deum*, mais plus magnifiquement qu'on avait fait dans notre église, à cause des orgues, des violons et d'autres semblables instruments, que nos messieurs avaient fait venir pour cet effet. Tout fini à l'église de Mayenne, nous fûmes aussi reconduire la procession de Saint-Martin, que nous étions allés prendre dès le matin de leur église. Ainsi se conclut et se termina notre cérémonie au grand contentement de nos religieux et à l'édification de tout le public.

« Il est à remarquer qu'on ne saurait dire combien il se trouva de monde en cette cérémonie. Les habitants de Mayenne avouaient eux-mêmes qu'ils n'avaient jamais vu tant de monde tout ensemble dans leur

ville, et quoique ce fût immédiatement après Pâques,
on compta entre onze et douze mille personnes qui
communièrent et gagnèrent l'indulgence. Nos confesseurs étaient dans l'église dès quatre heures du matin,
et, comme ils ne pouvaient pas encore satisfaire, les
confesseurs de la ville et des autres paroisses eurent
la bonté de venir aider les nôtres. Enfin, la dévotion
fut si grande qu'on communiait le soir comme le matin, et encore avait-on bien de la peine à approcher
de la sainte table, à cause que l'église était toujours
pleine de monde. Il se fit même quantité de miracles
dont il y a particulièrement quatre ou cinq qu'on ne
peut pas révoquer en doute, puisque toute la ville en
a eu connaissance. Si l'on n'en a pas fait les perquisi-
tions en forme, c'est que cette cérémonie de saint
Félix s'étant faite dans toute la province, ce grand
saint fit des miracles en si grand nombre que les
supérieurs majeurs se contentèrent d'en rechercher
quelques-uns dans les principales villes. Enfin, les
habitants de Mayenne et même tout le clergé nous donnèrent chacun dans leur particulier des marques très
grandes de leur estime et de leur amitié, non-seulement en nous prêtant obligeamment tout ce qu'ils
avaient dans leurs maisons de plus cher et de plus pré-
cieux pour orner notre église, mais encore en nous
faisant des aumônes extraordinaires et très considérables, jusque-là que, quoique la dépense fût très
grande, tant pour la sacristie que pour le réfectoire et
les autres accommodements qu'il fallut faire au sujet de
cette cérémonie, cependant, tout compté, le père gardien, qui alla quinze jours après au chapitre, ne laissa
le couvent chargé d'aucune dette considérable ».

D'autres fêtes semblables eurent lieu au couvent de
Mayenne pour célébrer la canonisation de divers saints

de l'ordre. Il y eut des cérémonies religieuses pendant trois jours, les 27, 28 et 29 mai 1732 en l'honneur de saint Fidèle de Sigmaringen, martyr, les 20, 21 et 22 mai 1738, à la gloire de saint Joseph de Léonisse et de saint Séraphin de Montegranaro. Le rédacteur des Annales écrivait à l'occasion de ces dernières fêtes : « Il « s'y trouva beaucoup de peuple et la dévotion fut « très grande. Les ecclésiastiques de Notre-Dame offi- « cièrent le premier jour, le deuxième ceux de Saint- « Martin. Le troisième jour, M. le maire, accompagné « de MM. les échevins allumèrent un feu de joie ». La municipalité était alors composée du maire, François-Robert Tanquerel ; du procureur syndic Jean Ballesguier ; des échevins : François Tripier, sieur de la Grange, marchand de vins [1], Julien Briqueville, médecin, Michel Nocher, marchand [2] et Jean-Baptiste Crosneau, marchand.

En 1766, les capucins, à qui on avait donné une relique de la vraie croix, la firent placer dans une croix d'argent qui ne leur coûta pas moins de 230^{tt}. Le curé de Mayenne consentit à prêter son concours et celui de son clergé à la translation, en grande cérémonie, de cette relique, de l'église de Notre-Dame dans la chapelle des capucins. La procession eut lieu le samedi 11 janvier 1766, à l'issue des vêpres de la paroisse. La croix fut mise sur le brancard servant au transport du Saint-Sacrement, et celui-ci placé sous un dais fut porté par deux diacres. Beaucoup de personnes assistèrent à cette

(1) François Tripier de la Grange avait épousé, en 1724, Marie-Perrine Gasté de la Mansonnière ; il était fils de Julien Tripier de la Grange et de Marguerite-Marie Garnier de la Mauvetière.

(2) Michel Nocher, marchand tanneur, eut de Marguerite Boulier cinq enfants : 1° Marguerite, qui épousa Mathurin-René Barbeu de la Chevalerie, avocat ; 2° Renée dite de Maugers, mariée à Julien Davoust d'Etival, marchand tanneur ; 3° Michel ; 4° Jeanne ; 5° Louise. Notre échevin était le frère de Jean Nocher, marchand tanneur, époux de Marie Renault.

fête, quoiqu'elle eût lieu un jour ouvrable et qu'il fît très grand froid.

La vraie croix était exposée aux Capucins le deuxième vendredi du mois et on la donnait à adorer à la fin de toutes les messes aux assistants. Le soir, il y avait salut et bénédiction.

Le Père Aimé de Lamballe, général de l'ordre, décéda à Paris, au couvent de Saint-Honoré, le 17 mai 1773, et les capucins de Mayenne firent pour le repos de son âme, le 8 juillet suivant, un service dans leur église : il eut une solennité particulière.

Les Annales rapportent les détails de la cérémonie, en ces termes :

« Le service fut annoncé, la veille à sept heures du « soir, par le son de toutes les cloches de la ville et du « faubourg, qui sonnèrent pendant une demi-heure.

« On tendit l'église de noir ; le catafalque était élevé « de quatorze pieds et couvert de deux cents flambeaux « d'argent avec des cierges, la chaire en noir au dehors « et au dedans, le catafalque et les tentures parsemés de « larmes, chargés de têtes de mort et des armes de « l'ordre. Ce catafalque, surmonté d'un dais à rideaux « avait été aussi parsemé de larmes, orné d'un grand « écusson de l'ordre avec un crêpe ; on y voyait le portrait « du général également environné d'un crêpe noir. Des « cierges étaient placés tout autour de l'église et du « sanctuaire, et, pour faire paraître davantage toutes ces « lumières, l'on avait bouché au dehors toutes les fenê- « tres avec des couvertures.

« Les bernardins de Fontaine-Daniel furent invités à « officier pour cette cérémonie et ils nous firent cet hon- « neur.

« Le P. provincial chanta la grand'messe ; deux de « ces messieurs l'assistèrent en chape avec deux diacres,

« deux sous-diacres et quatre enfants de chœur, cinq
« chantres en chapes et les deux bedeaux de la paroisse
« avec leurs robes de cérémonie.

« Tout le clergé de la ville et du faubourg y assista en
« deuil, ainsi que monsieur le maire, les échevins, les
« juges et conseillers de la Barre ducale, les juges et
« officiers de la justice royale de Bourguouvel, le prési-
« dent et les officiers de l'Election et du Grenier à sel et
« les avocats. Tous les corps étaient en robe.

« Le gouverneur et le lieutenant y assistèrent pareille-
« ment avec des crêpes au bras.

« L'exempt de la maréchaussée y vint avec ses cava-
« liers qui étaient postés à la porte de l'église.

« Quatre sergents de ville en casaque avec leurs halle-
« bardes étaient aux quatre coins du catafalque.

« L'abbé Guyard, principal du collège [1], prononça
« l'oraison funèbre qui dura trois quarts d'heure.

« La cérémonie fut suivie d'un dîner de cinquante
« couverts. Tout ce qu'il y a de mieux dans la ville y
« avait été invité.

« Par la libéralité de ces respectables citoyens, ce
« superbe service, qui se passa avec le plus grand ordre,
« ne nous coûta qu'un peu de soin et de fatigue. »

L'ordre des capucins n'avait pas eu d'autre général fran-
çais que le P. Aimé de Lamballe. On grava sur la pierre
de son tombeau l'épitaphe suivante :

D. O. M.

HIC JACET

REVERENDISSIMUS PATER

AMATUS A LAMBALLA,

GENERE CLARUS,

VIRTUTE ET PIETATE CLARIOR,

PROVINCIÆ BRITANNIÆ ALUMNUS

---

[1] Jean-Baptiste Guyard, fils de Jean Guyard et de Marguerite Lemasson.

TOTIUS ORDINIS FRATRUM MINORUM SANCTI FRANCISCI CAPUCINORUM,
MINISTER GENERALIS PROTO-GALLUS :
POST EXPLETA ET ITERATA ALTISSIMA PROVINCIÆ SUÆ MUNERA,
DEFFINITORIS PLURIÈS
ET PROCURATORIS GENERALIS
..... TENUIT ET AMPLIAVIT :
RELIGIONIS ET REGULÆ CULTOR,
AVITARUM CONSTITUTIONUM TENAX,
MITIS, HUMILIS, MAJORUM ŒMULUS,
PROVINCIARUM TUTAMEN ET PATER,
FRATRUM DECUS ET AMOR,
OMNIBUS VENERABILIS,
VERBO, EXEMPLO PRÆFUIT ET PROFUIT :
LONGA ÆGRITUDINE LABORANS,
E VIVIS DECESSIT ÆTATIS 79,
A CHRISTO NATO ANNO 1773, DIE 17 MAII.
REQUIESCAT IN PACE

Les descriptions de ces cérémonies ne nous paraissent pas inutiles pour l'étude de l'esprit religieux du couvent et des coutumes de nos ancêtres : nous nous y attardons volontiers.

Nos annales nous font encore le récit de plusieurs jours de fête que nous ne saurions omettre. Leur rédacteur écrivait en 1784 :

« Relation en abrégé de la solennité du bienheureux « Laurent de Brindes [1], général de notre ordre, et de la « translation des six reliques des SS. Pierre, Paul, Grégoire-le-Grand, Barthélemy apôtre, François-d'Assise « et François-de-Paule, dont on m'avait fait présent.

« Je les fis enchasser dans des statues représentant « chaque saint, visées au Mans avec permission de les « exposer.

« Le dimanche, 8 février 1784, les saintes reliques ont

____

(1) Saint-Laurent de Brindes, né à Brindes, terre d'Otrante, le 22 juillet 1559, décédé le 22 juillet 1619. Il a été canonisé par Léon XIII, en 1882.

« été apportées solennellement de l'église de Notre-Dame
« par le clergé de ladite église paroissiale accompagné des
« religieux de la Communauté, avec flambeaux et encen-
« sements. Malgré la rigueur de la saison et les glaces, il
« s'y trouva une si grande affluence de monde qu'on
« fut obligé de mettre un temps considérable pour se
« rendre à notre église. Il y eut sermon sur le respect
« que l'on doit aux saintes reliques, prononcé par le
« P. Jérôme, lecteur en théologie au Mans, qui fut
« applaudi de tout le monde, ensuite la bénédiction du
« Saint-Sacrement.

« Le 9, sur les trois heures, nous fûmes processionnel-
« lement à l'église de Notre-Dame, après avoir exposé le
« Saint-Sacrement ; ensuite une procession composée
« du clergé de la ville, des membres de l'Hôtel de ville
« avec leurs drapeaux, du corps de la magistrature, avo-
« cats et autres, hors le clergé de la seconde paroisse
« qui est Saint-Martin, qui ne s'y trouva point, quoique
« convoqué par le mandement de monseigneur l'Evêque,
« sans donner de raison que celle qu'il devait de droit
« faire la clôture ; ce qui a causé un murmure général
« et même scandaleux.

« Arrivé à l'église du couvent, M. le doyen, curé de la
« ville, publia en chaire le bref et le mandement de
« Monseigneur, fit la bénédiction des bannières et donna
« la bénédiction. La procession retourna à Notre-Dame
« dans le même ordre qu'en venant au son des cloches,
« tambours et décharges de petites pièces de canons. Le
« soir, à six heures, on sonna toutes les cloches de la
« ville et faubourg, ce qui fut refait le lendemain à cinq
« heures et demie du matin. Le 10, à neuf heures du
« matin, la procession partit de Notre-Dame avec la
« Communauté pour aller chanter la grand'messe. A
« l'évangile, il y eut sermon par le P. Jérôme, ce qu'il
« fit pendant les trois jours. A trois heures, vêpres,

« ensuite le panégyrique des bienheureux prononcé par
« M. l'abbé Liger. La bénédiction du Saint-Sacrement
« termina ce jour.

« Le 11, sur le refus du clergé de Saint-Martin, les
« prêtres de la ville firent l'office. M. le doyen, curé de
« Saint-Fraimbault-de-Prières, officia. Après vêpres, le
« panégyrique fut fait par M. l'abbé du Boulay [1]. La
« bénédiction du Saint-Sacrement eut lieu comme la
« veille.

« Le 12, messieurs les bernardins de Fontaine-Daniel
« chantèrent la grand'messe et les vêpres, très solennel-
« lement. Ils avaient apporté leur bâton cantoral. Le
« panégyrique fut prononcé par M. l'abbé Lair [2]. Après
« la bénédiction on enleva dans l'église une des ban-
« nières avec toute la solennité possible et le *Te Deum*
« finit cette journée.

« Le soir, à six heures, on resonna toutes les clo-
« ches. Comme il était nuit, on différa de faire le trans-
« port à Notre-Dame de la seconde bannière pour le
« dimanche suivant, qui était le 15.

« Après nos vêpres, on la porta. Le clergé vint la rece-
« voir à la porte de son église avec chapes et encens. Je
« fis un petit compliment à M. le doyen, au clergé et
« aux paroissiens en présentant la bannière, qui fut
« enlevée bien doucement au chant du *Te Deum*, de
« l'orgue et du son des cloches. Aussitôt après, le clergé
« nous conduisit jusque hors de l'église.

« L'église de notre couvent était décorée magnifique-
« ment par des tentes, des ornements, des tableaux et
« luminaires, girandoles et lustres suspendus au milieu
« de l'église.

(1) René-François Barbeu du Boulay, fils de François du Boulay et de
Marguerite-Suzanne Jouannault, petit-fils de Mathurin-René du Boulay,
avocat, et de Françoise Rousseau.
(2) Michel-Toussaint Lair de la Motte, vicaire de Saint-Martin de Mayenne.

« Le grand autel avait été orné au mieux. Outre grand
« nombre de cierges sur les corniches, dans l'église et
« dans le chœur, quatre cents cierges et vingt-quatre
« d'une livre, présents de l'Hôtel de ville, illuminaient ce
« grand autel.

« On avait élevé un autel dans la nef où était placé
« le portrait du bienheureux, au-dessus un dais, avec
« des galbes d'ornements qui entouraient le tableau et
« aussi de jolis et riches bouquets, comme au grand
« autel, et un très beau luminaire.

« Pendant tous les jours, il se trouva un si grand con-
« cours de monde dans l'église que, malgré le grand
« froid et toutes les portes ouvertes, les cierges cour-
« bèrent comme au temps de l'été. Grâce à Dieu, tout
« s'est bien passé et avec le plus grand ordre ».

CHAPITRE VIII

—

La Révolution trouva les capucins de Mayenne entourés de l'estime et de l'affection générales. La municipalité leur en donna une preuve éclatante en adressant à l'Assemblée nationale, le 13 juin 1790, la pétition suivante :

« Nos Seigneurs, écrivaient les officiers municipaux
« de Mayenne, désirant seconder les vœux unanimes de
« leurs concitoyens de conserver dans leur ville la Com-
« munauté des capucins qui, de tout temps, ont été
« par leurs mœurs de grande édification et fort utiles
« pour les services qu'ils n'ont cessé de rendre, supplient
« l'auguste Assemblée, de leur accorder cette grâce en
« se conformant à ses décrets.

« Leur ville est composée de deux paroisses assez
« peuplées ; le peu de prêtres qui les desservent, dont
« quelques-uns sont fort âgés, ne peuvent suffire au ser-
« vice du public et aux devoirs qui en dépendent. Quan-
« tité de paroisses qui l'environnent souffrent dans des
« cas urgents et fréquents de la disette des ministres.

« Les capucins continueraient d'y étendre leur zèle et

« seraient ainsi une ressource pour la ville et la campa-
« gne, par une confiance bien méritée.

« Nous sommes, etc.... »

Celte pétition ne fut pas plus écoutée que tant d'autres.

Les capucins sortirent de leur couvent le 1er avril 1791.

Il y avait alors à Mayenne cinq pères, un frère lai et un frère donné :

1° Hébert du Fougeray (Gabriel), en religion le P. Bernard, gardien du couvent, né à Mayenne, le 12 juin 1735, du mariage de Gabriel Hébert du Fougeray, négociant, et de Marie Lair de la Motte. Son aïeul, François Hébert, marchand potier d'étain, avait épousé Jeanne Cousin de la Reinière. Sa mère était fille de Jean Lair de la Motte et de Marie Lamberdière. En 1773, sa sœur Marie devint la femme de François Oger, notaire royal [1].

2° François Poupard, dit le P. François de Dol, né à la Boussac, diocèse de Dol, le 23 juillet 1735, profès du couvent de Saint-Brieuc le 23 juillet 1778, prédicateur missionnaire. Il n'était à Mayenne que depuis le 13 janvier 1791.

3° Le P. François-Joseph de Château-Giron (Pierre

(1) Le P. Bernard était le neveu de : 1° René-Hébert de la Barrie, marchand potier d'étain, époux de Jeanne-Marie Jamelin ; 2° François Hébert, négociant ; 3° Jean Hébert de Marboué, négociant ; 4° Jeanne Hébert, épouse de René Suriray du Haut-Champ ; 5° et Renée Hébert, mariée à René Lair de la Motte.

Jeanne Cousin, aïeule du P. Bernard, baptisée à Notre-Dame de Mayenne, le 24 mars 1676, était fille de Jean Cousin de la Reinière et de Jeanne Rousseau, petite-fille de Michel Cousin et de Jeanne Cochon ;— sœur de François-Jean-Baptiste Cousin, procureur aux siéges royaux de Mayenne, qui épousa, en 1699, Anne Lamberdière. Ceux-ci eurent deux enfants : François-Jean-Baptiste Cousin, procureur aux siéges royaux de Mayenne, époux de Renée-Françoise Gourdier, et Anne Cousin, femme de François-Alexandre Briand de la Boulardière. Il y eut aussi deux enfants de ce dernier mariage : Jean-Baptiste-François Briand de la Buronnière et Françoise Briand qui se maria en 1756 ou 1757, paroisse de Hercé, à Siméon Tripier de la Grange de Berron, fils de François Tripier de la Grange et de Marie-Perrine Gasté de la Mansonnière.

Desnos) prédicateur missionnaire, né à Château-Giron le 4 avril 1713, profès de la maison de Rennes. Il avait presque perdu la vue et ne quittait pas le couvent.

4° Joseph-Charles Dubois, en religion le P. François-Marie de Vitré, né paroisse de Saint-Martin de Vitré le 17 juin 1725, missionnaire. Il avait fait profession à Rennes le 29 mai 1746.

5° Jean Ragueneau, en religion le P. Jean l'Evangéliste de Fontenay, né à Fenioux, diocèse de La Rochelle le 28 février 1751. Il était profès de Morlaix du 30 juin 1774.

Le frère lai Guy Lorand, né à Quintin, diocèse de Saint-Brieuc le 19 juin 1750, avait fait profession à Saint-Brieuc le 27 mai 1771.

Quant au frère donné François Manceau, originaire de Cigné, né le 24 novembre 1747, c'était un homme très borné.

Tous les capucins sauf un, a écrit M. Lecoq [1], refusèrent de prêter le serment qu'on exigea d'eux et pourtant l'on sait quelle pression était exercée, à cette époque, sur le clergé pour l'obtenir. Des prêtres usaient de l'influence qu'ils avaient eux-mêmes ou dont ils pouvaient disposer afin d'y amener leurs confrères. Ils revêtaient pour la circonstance la peau de l'agneau, comme le prêtre Pierre-François Potier, ce futur apostat, qui, chercha alors à gagner le curé de Cigné.

Jean-Louis-René Caquia, curé de Cigné, avait prêté le serment demandé, mais « en déclarant, comme chrétien en ce qui concernait le régime spirituel, ne reconnaître pour lois que les décisions de l'Eglise catholique, apostolique et romaine [2] ». Ces restrictions ne

---

(1) *La constitution civile du clergé dans la Mayenne*, District de Mayenne, page 15.

(2) V. *Dictionnaire historique de la Mayenne*, par M. l'abbé Angot, au mot « Cigné ».

pouvaient être admises et Potier espéra lui faire accepter une formule nouvelle. Sachant qu'il pouvait compter sur Le Héricé de la Cartellière, alors maire de Cigné [1], il lui écrivit la lettre insidieuse qui suit, destinée évidemment à être communiquée au curé. Le souscripteur l'avait marquée en tête du signe de la croix et fermée d'un cachet à la cire rouge représentant un christ.

« Monsieur,

J'ai l'honneur de vous prévenir que j'envoie à monsieur votre Curé copie d'un serment que plusieurs de nos curés proche Mayenne, des plus respectables par leur science et leur vertu, n'ont point balancé à prêter, lequel serment est autorisé par l'Assemblée nationale et conforme à notre sainte religion. Messieurs les offi-

---

(1) Jean-Baptiste Le Héricé de la Cartellière, bourgeois, demeurant au bourg de Cigné, avait épousé Marie Panthou.

En réclamant le concours du maire de Cigné, Potier savait fort bien qu'il lui était acquis à l'avance. La correspondance que recevait de la Cartellière nous laisse assez comprendre quels étaient ses sentiments.

Son neveu, Desfontaines, officier de gendarmerie lui écrivait de Laval, le 3 janvier 1791 : « J'arrive de Saint-Ouën où j'ai été vingt-deux « jours avec douze gendarmes pour rétablir le curé constitutionel, qui avait « été chassé par les habitants... Les prêtres font bien du mal. Je désirerais « voir renaître l'ordre... La plus grande tranquilité règne dans la ville, mais « les campagnes ne sont pas de même. Les malintentionnés y font allumer « le feu du fanatisme... »

Le Héricé, un de ses cousins, qui était prêtre assermenté de la Sarthe, lui écrira au commencement de 1793, une lettre portant le timbre de Connerré, dont nous extrayons ce passage : «... Je suis seul vicaire à deux lieues à la « ronde. Les curés sont à présent doux comme des gants. L'état de vicaire, « est un état agréable. Auparavant la Révolution le physique (sic) de l'état « était pis que celui d'un esclave. Nous avons dans notre département cent « cinquante prêtres qui sont partis pour Saint-Jacques en Galice et une « soixantaine qui sont gardés au Mans dans le couvent des ci-devant Ursu- « lines. Si le roi avait été le maître, nous aurions été sabrés ou guillotinés, « toute notre fortune perdue ; ce n'aurait été en France qu'un théâtre « de gens qui se seraient assassinés les uns et les autres, comme cela a arrivé « à Avignon et à Saint-Domingue, où il a péri plus de deux cent mille « hommes. Les officiers auteurs de ces désordres viennent de passer par « Paris où ils subiront le sort qu'ils méritent... »

ciers de notre District vous prient de vouloir bien vous transporter chez monsieur le curé avec vos messieurs composant votre municipalité et le faire lui prêter en votre présence et l'envoyer à Mayenne lundi prochain, afin qu'on l'envoie avec les autres au Département, à Laval. Ils m'ont assuré qu'il n'était point besoin de le faire prêter une seconde fois à votre digne pasteur à l'église, mais seulement chez lui. Je ne doute point que vous ne vous portiez tous à conserver à votre paroisse ce digne et respectable curé, qui vous serait enlevé bien certainement s'il ne prêtait point un nouveau serment, et on pourrait vous en donner un intrus qui exposerait vos âmes et vos consciences : ainsi, c'est l'intérêt de tous les fidèles de votre paroisse, qui vous sauront un gré infini de le leur avoir conservé.

Je profite de cette occasion pour présenter à madame votre épouse et à votre aimable famille mille assurances de civilités et suis très parfaitement, Monsieur,

      Votre très humble et très obéissant serviteur.

                Potier.

Mayenne, ce 22 février 1791.

Ce pieux ministre devait se marier deux ans après.

Caquia ne se laissa pas prendre à ces embûches destinées à le détourner de sa voie. Il refusa le serment schismatique.

La sortie des capucins de leur couvent s'était effectuée sans résistance.

Le P. Bernard, gardien, originaire de Mayenne, ne s'en éloigna pas.

Quant au P. François-Joseph, il ne put quitter le pays à cause de son état de cécité presque complet. Nous le retrouvons en résidence à Mayenne, le 3 avril 1793.

Manceau, le frère-donné, demeura également en ville

et ne fut pas inquiété : il prêta, durant la période révolutionnaire, tous les serments qu'on lui demanda.

Le P. Bernard continua, pendant une année, d'exercer avec zèle son ministère, à Mayenne. Il était malade en mars 1792 et ne put se rendre à Laval avec les autres prêtres réfractaires qu'on y appela. Vers la Toussaint, il fut conduit et écroué au couvent de Patience de cette ville [1].

Au mois d'octobre 1793, l'ancien gardien des capucins fit partie de la cohorte des malheureux ecclésiastiques qu'on achemina vers Rambouillet. On sait qu'ils eurent à subir de mauvais traitements lors de leur passage à Couterne, mais on ignore à quel point ceux-ci furent odieux et cruels. Un extrait du procès-verbal d'enquête, dressé par Grosse-Duperon, juge de paix du canton de Thubeuf [2], fera mieux connaître la conduite infâme du terroriste Saint-Martin, dit Marat-Rigaudière, avocat de Lassay, qui accompagnait les convois des prisonniers.

Aujourd'hui, 30 nivôse an III de la République une et indivisible (19 janvier 1795).

Est comparu, à la maison commune de Couterne.

En présence du citoyen Etienne Appert, agent national de la commune de Couterne et de Jean Froger, officier municipal.

La citoyenne Anne Célos, domestique chez le citoyen Victor Postel.

Laquelle nous a déclaré que, lorsque les prêtres détenus à Laval furent transférés à Lassay et de là à Couterne, elle a été frappée par le citoyen Huvé, de la commune de Neuilly, pour avoir voulu porter des subsis-

(1) *La constitution civile du clergé dans la Mayenne*, par F. Le Coq. District de Mayenne, p. 16.
(2) Pierre Grosse-Duperon, aïeul de l'auteur.

tances à ces malheureux prêtres qui demandaient à manger et à boire.

Et a, ladite Anne Célos, déclaré ne savoir signer.

Dans le même jour, est comparu :

Le citoyen Julien Bobot.

Lequel nous a déclaré que, lorsque les prêtres, qui étaient détenus à Laval, furent transférés à Lassay et de là à Couterne, il a vu le citoyen Saint-Martin traiter les prêtres de « scélérats », de « coquins », en leur disant : « Monté dans la voiture ; tu n'as pas besoin de manger », et les pousser avec son bâton.

A signé.

Le même jour,

Jean Géré, de Couterne, a déclaré :

Qu'il avait été requis par le commandant de la Garde nationale de Couterne de se transporter au pont de Couterne afin de recevoir les prêtres insermentés qui devaient venir de Lassay ;

Que, lorsqu'ils furent arrivés, Saint-Martin lui dit : « Retire-toi, tu es encore un sacré-mâtin comme eux » ;

Qu'il a vu Saint-Martin frapper les prêtres à coups de fouet, un inconnu, les frapper à coups de bâton ;

Qu'il avait dit à cet inconnu, qu'il était malheureux de voir traiter de tels hommes sans défense, et que cet inconnu lui avait répondu « qu'il en méritait autant » ;

Que Saint-Martin avait alors ajouté : « Non, ne les frappe pas, quoiqu'ils soient aristocrates ».

A signé.

François Launay, officier public de Couterne, a dit :

Qu'il y a un an passé de la Toussaint ou environ, lorsqu'on transporta les prêtres, il a vu Saint-Martin, ex-agent national du District de Lassay, frapper inhumainement sur un de ces prêtres, qui ne se rendait pas à la

voiture aussi vite qu'il le désirait, en lui disant : « Scélérat, va donc plus fort » ;

Que le prêtre lui répondit : « Citoyen, soyez plus
humain et ne me frappez pas aussi brutalement ».

Qu'il a vu un de ces prêtres tomber par terre en descendant de voiture, et que, pendant qu'il était tombé,
Saint-Martin voulut faire passer la roue de la voiture sur
ce prêtre, en frappant sur la tête des bœufs pour les
faire avancer; que Saint-Martin disait : « Qu'importe
qu'il périsse là ou ailleurs ».

A signé.

Renée Jousse, de Couterne, a rapporté ce qui suit :

La déclarante porta aux prêtres, au moment où ils
étaient prêts de quitter Couterne, un peu de paille pour
mettre sous l'un d'eux dans la voiture. Comme elle
venait de la déposer, Saint-Martin, agent du District
de Lassay, lui donna deux soufflets. Il se tourna vers
le prêtre, qui avait la paille, et lui porta deux coups
de bâton, en ajoutant : « Scélérat, que veux-tu à cette
femme » ?

N'a pas signé.

Marie Bobot, de Couterne, dit :

J'ai vu un prêtre tomber de la voiture. Saint-Martin
lui donna des coups de fouet, en disant : « Relève-toi,
sacré-gueux ».

Jean Retoux, de Couterne, dit :

Saint-Martin présentait son bâton à la figure des prêtres, et, lorsqu'ils voulaient l'écarter, il leur en donnait
des coups sur les mains. Il fit semblant de vouloir aider
un prêtre à descendre de la voiture et le fit tomber par
terre.

A signé.

Marguerite Edard, de Couterne, dit :

Saint-Martin frappait les prêtres à coups de fouet, les traitant de « scélérats », de « coquins » et d'autres injures.

A signé.

François Boissière, de Couterne, dit :

J'allai à la voiture porter aux prêtres des subsistances, vu qu'ils disaient en avoir besoin. Saint-Martin me fit retirer, sinon qu'il allait me conduire à Lassay. Je fus obligé de m'écarter et de donner mes provisions à d'autres personnes qui les remirent aux prêtres. Saint-Martin les frappait à coups de bâton et avec un fouet de roulier. Un prêtre voulut s'éloigner pour gâter de l'eau : Saint-Martin s'en aperçut, courut à lui, le frappa et l'injuria.

A signé.

Anne Dufay, de Couterne, dit :

Saint-Martin frappait les prêtres à coups de bâton, en leur disant : « Monte dans la voiture ».

Victor Postel dit :

Saint-Martin injuriait les prêtres d'une cruelle manière et avec un inconnu frappa de si forts coups de bâton sur la jambe de l'un d'eux qu'il lui en fit sortir du sang.

Le P. Bernard, rendu à la liberté en l'an V, revint à Mayenne, où il demeura interné. L'Administration municipale lui accorda, le 16 floréal de la même année, l'autorisation de quitter la ville « pour aller prendre l'air à la campagne ». Elle portait sur lui ce témoignage « qu'il « était incapable de fomenter des troubles et qu'il « n'avait jamais été fait contre lui aucune plainte ». Jacques Fleury dit, dans ses mémoires sur la Révolution : « Le gardien des capucins de Mayenne, âgé de soixante-

« deux ans, fut condamné à 500# d'amende et à un an de
« prison, parce qu'on avait trouvé son registre de bap-
« tême et de mariage ».

Il assista, le 4 août 1795, au renouvellement de la
rétractation de Julien-François Lemesnager, curé assermenté de Saint-Georges-Buttavent [1].

« En 1798, écrit M. F. Le Coq, l'autorité civile, prenant
ombrage de son zèle, le fit poursuivre de nouveau et
condamner à trois mois de prison et à une forte amende.
Un peu plus tard, ce digne religieux était reclus à Evron,
dont il ne sortit qu'en 1800. Il vint alors se joindre aux
missionnaires du Calvaire de Mayenne et obtint la plus
grande confiance des Mayennais demeurés fidèles. Lors
du Concordat, l'ancien gardien fut attaché à Notre-Dame,
comme prêtre habitué. C'est sur cette paroisse qu'il
mourut en 1811 [2]. »

Un ancien gardien des capucins du Mans, Jean Volclair [3], en religion le P. Célestin, né à Saint-Martin de
Mayenne le 30 juin 1748, avait été également incarcéré
à Patience et envoyé à Rambouillet. Revenu aussi à
Mayenne, en 1795, il y travailla au salut des âmes jusqu'à la fin de la Révolution. Les archives de l'église de
Notre-Dame conservent un cahier sur lequel il inscrivit,

(1) Voir l'*Eglise du Mans durant la Révolution*, par dom P. Piolin, tome III,
page 231.

(2) *La constitution civile du clergé dans la Mayenne*, par F. Le Coq. District
de Mayenne, p. 16.

(3) Jean Volclair était : 1° fils de Jean Volclair et de Jeanne Ménard ; 2° petit
fils de Damien V., maître cordonnier, et de Renée Houssaie ; 3° frère de
Marie-Anne V., épouse de Michel Piquet, tissier ; Marie V., épouse de Pierre
Guenel ou Guesné, et de Renée V., épouse de Guillaume Villette ; 4° neveu de
Geoffroy V., marchand, époux de Renée Buchard. Ces derniers eurent quatre
enfants : François V., prêtre, vicaire à Châtillon-sur-Colmont ; Anne V.,
épouse de François Phelippot, marchand à Châtillon ; Geoffroy V., marchand, marié à Françoise Chesnel ; et Marie V., épouse de Jean V., notaire.

On a écrit qu'il existait une parenté entre le P. Célestin et le terroriste Jean-
Baptiste Volclair, curé constitutionel de Lassay, né à Désertines, le 15 octobre
1765, du mariage de Louis Volclair et de Jeanne Lemétayer.

du 3 novembre 1797 au 10 juillet 1800, les actes des baptêmes et des mariages qu'il faisait [1].

La chapelle des capucins servit de salle de vote au moment des élections.

La Société des Amis de la Constitution, lors de sa première séance, le 16 avril 1791, choisit pour président Joseph-François Dupont-Grandjardin, qui fit décider par ses membres « que l'installation définitive du club n'aurait lieu qu'après la célébration d'une grand' messe du Saint-Esprit, chantée en l'église des capucins ». Cette cérémonie eut lieu le mardi 26 avril 1791. Cruchet, le principal du collège de Mayenne, prêtre assermenté, dit la messe. L'office fut chanté par les sociétaires et précédé du *Veni Creator*. Les musiciens de la Garde nationale exécutèrent plusieurs morceaux.

A l'issue de la cérémonie, les membres du club se réunirent à l'Hôtel de ville où Dupont-Grandjardin prononça « un discours plein d'énergie et de patriotisme, « qui fut interrompu plusieurs fois par des acclamations « et des applaudissements ». Sur la motion de l'un des sociétaires, on arrêta, « au bruit des battements de mains et aux bravos de toute l'assemblée, que l'annonce des séances extraordinaires de la Société ne pourrait être faite que par l'air du *Ça ira* ».

Le club siégea plusieurs fois aux Capucins, notamment le 3 juillet 1791, jour où l'on donna lecture

---

(1) Son dernier acte est ainsi conçu : « Le 10 juillet 1800, a été baptisé par moi, Célestin de Mayenne, prêtre insermenté, soussigné, Emilie, née le 10 juillet 1800 du légitime mariage de Grégoire Gougis, marchand, et de Rose-Emilie Le Bourdais, de la paroisse Notre-Dame de Mayenne ; le parrain a été François Dubourg, de la paroisse du Pas, la marraine Marie-Anne Ribot, femme Gougis, de Mayenne, lesquels ont déclaré signer, de ce requis et interpellés.

Suivent les signatures : Ribot femme Gougis, Dubourg, Félicité Guimond, Gougis.

du discours prononcé par Villar, évêque constitutionnel de la Mayenne, lors de son installation. Le
secrétaire résumait ainsi l'impression produite : « L'assemblée a témoigné par de vifs applaudissements
« qu'elle partageait les sentiments civiques et religieux
« que ce prélat-citoyen a développés avec énergie dans
« son intéressant discours ».

On trouva bientôt que l'église des capucins n'était pas
commode, et « les Amis de la Constitution » retour-
nèrent à l'Hôtel de ville.

L'inventaire des meubles et objets mobiliers [1] du
couvent avait été dressé dès le 14 mai 1790.

On conservait dans les archives un certain nombre de
pièces renfermées dans huit cartons. Nous n'en avons
pas le détail.

La bibliothèque se composait de deux mille deux cent
cinquante-huit volumes. Elle resta en dépôt au couvent
jusqu'en 1797. On y ajouta quantité de livres d'origines
diverses, de l'abbaye de Fontaine-Daniel, du couvent
du Calvaire de Mayenne et des habitations des émi-
grés : tous avaient été entassés pêle-mêle dans le
plus grand désordre. Grégoire et Mathieu, membres
du Comité d'Instruction publique, se plaignirent
de l'incurie des commissaires délégués de Mayenne,
chargés du soin de ces bibliothèques. Ceux-ci, pour
s'excuser de leur négligence, affectèrent une ignorance
extrême du travail qu'on attendait d'eux et demandèrent des explications sur les décrets dés 8 pluviôse et
22 germinal an II (27 janvier et 11 avril 1794), qu'ils
prétendaient ne pas bien comprendre.

« Ces commissaires disent, écrivait Grégoire, que le
« désordre les empêche de répondre à la confiance

---

[1] Quelques portraits des capucins se trouvaient, dit-on, dans le grenier du
Collège au milieu du xix⁰ siècle. Ils auraient disparu.

« de leurs concitoyens et de remplir les fonctions qui
« leur ont été déléguées. Il n'y a ni désordre, ni confu-
« sion qui doivent les empêcher d'opérer. Il suffit qu'on
« ait la faculté de prendre un livre, de réunir les divers
« volumes d'une collection, d'en tirer les cartes et d'y
« placer des fichets pour remplir les vœux du décret du
« 8 pluviôse... »

« Ils ajoutent qu'il n'a pas encore été arrêté de local
« pour les bibliothèques de l'Arrondissement et qu'il n'y
« a point de moyen, dès lors, de commencer le travail.
« Rien ne peut les empêcher de travailler dans les em-
« placements actuels quels qu'ils soient. Il suffit qu'ils
« puissent y entrer. »

D'autres objections étaient faites par les commissaires,
et Grégoire finit par y répondre avec impatience. Il y
avait évidemment insouciance et mauvaise volonté de
leur part. C'est que les travailleurs modestes, qui sont
rares en tout temps, deviennent introuvables aux épo-
ques agitées où tout le monde veut se produire et se
croit appelé à de hautes destinées.

Un certain nombre de livres du dépôt des capucins
furent pillés par les Vendéens, à leur passage à Mayenne, ou par quelques malandrins de la ville. Lors
d'une perquisition faite, le 16 fructidor an II (2 septembre 1794), chez François B... dont la femme était soup-
çonnée de faire un commerce clandestin de poudre et
de munitions, on trouva notamment caché dans une
armoire, sous des draps, un lot de volumes dépareillés
provenant de l'abbaye de Fontaine-Daniel et du Calvaire
de Mayenne.

Enfin, on transporta du couvent à l'Hôtel de ville,
en mai 1797, les livres qu'on gardait aux Capucins, et
l'on s'occupa de leur classement [1]. Un des professeurs

(1) La municipalité paya à Jean-Baptiste Bayeux, le 11 prairial an V (30
mai 1797), 24ᵗʳ, pour avoir employé deux journées avec deux chevaux à voi-

de l'Ecole centrale y fît un choix, « pour la bibliothèque publique du Département de la Mayenne », et le reste comprenant environ douze cent cinquante volumes, fut, en exécution d'un arrêté du Préfet Defermon, en date du 29 fructidor an VIII (16 septembre 1800), vendu aux enchères par le ministère de Jean-Baptiste de la Bécannière, notaire à Mayenne, les 14 et 16 vendémiaire suivants (6 et 8 octobre 1800). Le prix total des adjudications s'éleva à 262# 5ˢ.

« Les membres du Directoire du District de Mayenne, vendirent comme bien national à Jacques Coulon des Rochers, le 13 novembre 1792, pour 27.000# la maison conventuelle des capucins de Mayenne, l'église, les bâtiments, terrasses, friches, vergers, jardins, bois et dépendances et généralement tout ce que comprenait l'enceinte des murs ». Le nouveau propriétaire fit une étable de l'un des bâtiments et abandonna les autres sans y faire de réparations. Il obtint, en l'an VII, d'être déchargé de l'impôt des portes et fenêtres.

Le Directoire adjugea aux enchères, le 23 octobre 1792, les ormeaux qui étaient plantés de chaque côté de la rue actuelle de la Visitation (ancienne rue des Ormeaux). On en obtint 72#.

Il y avait, dit-on, au dessus du portail d'entrée de l'église des capucins le quatrain suivant :

> Toi, qui dans le lieu saint, te comporte, si mal,
> Hélas ! d'un œil jaloux ton juge t'y contemple,
> Tu le reconnaîtras dessus son tribunal,
> Si tu ne l'as pas su révérer dans son temple.

Cette inscription était dominée par une niche dans

---

turer les livres de la bibliothèque des capucins à la Maison commune ». Bayeux avait été aidé à charger et à décharger par quatre hommes au service de l'Hôtel de ville.

laquelle se trouvait une statue de la Vierge, que l'abbé Raison, aumônier de la Visitation, possédait au milieu du xixe siècle. Il l'avait placée dans le mur du jardin de son habitation, à l'angle de la rue des Ormeaux et de la rue des Capucins, mais elle offusquait la vue d'un impie qui la brisa.

L'enclos des religieux fut cédé pour 16.500[tt], par Françoise Benoiste, veuve de Jean-René Coulon des Rochers et par ses enfants : Jules Coulon des Rochers, garde du corps du roi ; Ursule Coulon des Rochers, épouse de Nicolas-Julien Demée, avocat ; Modeste Coulon des Rochers ; Eugène Coulon des Rochers et Delphine Coulon des Rochers, aux cinq religieuses ci-après de la Visitation, de la communauté d'Alençon : 1° Monique-Françoise Martin ; 2° Marie-Anne-Victoire Foucqueron ; 3° Louise-Geneviève Demarion-Dufresne ; 4° Anne-Françoise Maheux ; 5° et Rose Canet.

Coignard, notaire à Mayenne, rédigea le contrat de vente le 3 juin 1818 [(1)].

Les Visitandines d'Alençon fondaient à Mayenne une maison de leur ordre, à la prière du Clergé et de la Municipalité.

Le 1er septembre 1818, les acquéreuses du couvent arrivèrent en notre ville et descendirent chez Mme Lemoy. Elles ne furent conduites processionnellement à leur monastère que le 15 du même mois. L'évêque du diocèse s'était fait représenter à cette cérémonie par un de ses grands vicaires. Pierre Huard, curé de la Couture du Mans, donna le sermon. et le termina par ces paroles : « Entrez, mes chères filles, dans votre nouveau séjour, pour n'en sortir qu'à l'éternité. »

(1) Pour faire face au paiement de leur prix d'acquisition et aux frais, les religieuses avaient emprunté 18.000[tt], « de l'Arrondissement communal de Mayenne », représenté alors par le sous-préfet de Mayenne, Athanase-Charles Denis de Villeron.

Monique-Françoise Martin fut la première supérieure.

Il n'y avait que des ruines à la nouvelle Visitation : les toitures et les planchers étaient effrondrés en grande partie. Le chœur, seul, de l'ancienne église pouvait être utilisé avec quelques réparations.

Mais tous les bâtiments des capucins, qui restaient debout, ne tardèrent pas à être détruits et remplacés par les constructions que nous voyons aujourd'hui. M. Arcanger, curé de Notre-Dame de Mayenne, bénit la première pierre de la chapelle en 1838, le jour de la fête de Saint-Joseph. Mgr Bouvier, évêque du Mans, la consacra le 22 juillet 1840.

L'enclos des religieuses a été augmenté, en 1842, d'un terrain « de 40 pieds de longueur sur 32 pieds de largeur, pris dans le pré du Viel-Etang de la Grange » et donné par Jean-Marie Tanquerel de Vaucé, alors propriétaire de la ferme de la Grange.

La ville de Mayenne avait perdu pour toujours les capucins ; mais s'il ne lui a point été possible de leur offrir les moyens de s'y rétablir, elle n'a pas cessé de les avoir en estime et affection.

Le tiers-ordre, très florissant, qu'y possèdent les Frères mineurs dit assez la haute considération dont ils jouissent parmi les habitants.

Nous ne pouvons mieux clore cette étude qu'en reproduisant le croquis ci-après des capucins, fait par le protestant Menzel, qui n'est pas suspect de tendresse pour les ordres religieux.

« Persécutés, dit-il, par la haine de leurs frères dégénérés, les capucins se distinguaient par une grande pureté de mœurs, par une activité désintéressée pour le salut des âmes et par l'austérité de leur vie. Le peuple, pour qui les Jésuites étaient trop loin avec leur science, se sentait attiré vers les capucins qui allaient à pied d'un endroit dans un autre, qui étaient comme chez eux dans les plus basses chaumières et qui rendaient évidente pour les pauvres cette sentence de l'Evangile, que le royaume du ciel est à eux, en ce qu'ils renonçaient à toutes les jouissances et commodités de la vie terrestre. Dans la bouche d'un moine barbu et pieds nus, qui hors sa robe n'avait pas même une chemise sur le corps et qui couchait sur le plancher, la doctrine que le chrétien doit crucifier sa chair et ne porter son regard que vers la patrie céleste, parce qu'il est un étranger et pélerin sur la terre, paraissait beaucoup plus convaincante [1] ».

Nous avons vu le commencement et la fin du couvent des capucins. Sur ses ruines une nouvelle maison, consacrée à la prière et au sacrifice, n'avait pas tardé à s'élever. Les douces filles de saint François de Sales y remplaçaient les énergiques fils de saint François d'Assise. Le moine et la religieuse sont, en effet, des êtres indestructibles : les chasse-t-on, ils rentrent par tous les sentiers ; croit-on les avoir exterminés, qu'ils renaissent de leurs cendres.

Un ouragan vient parfois disperser les œuvres de Dieu ; il est impuissant à les détruire. Elles ont dans l'âme humaine des racines profondes, résistantes à tous les efforts, et il arrive souvent que, comme en notre ville, elles réapparaissent vigoureuses dans le lieu même d'où l'incroyant espérait les avoir extirpées pour toujours. Il semble, qu'il y ait des coins privilégiés, ensoleillés de la Providence, où les fleurs de vie chrétienne doivent s'épanouir et répandre leurs parfums, en un printemps perpétuel.

(1) V. *Histoire des Allemands depuis la Réformation*, par Menzel.

APPENDICE

—

A [1]

I. — Etat des travaux a exécuter pour la construction de l'église et du couvent des capucins
de Mayenne.

(1606)

« Au nom de Notre-Seigneur Jésus-Christ.

« Devis pour le couvent qui se doit bâtir à Mayenne,
fait par frère Justin, du commandement du R. P.
Provincial.

« Il se fera une église qui aura 14 toises de longueur [2]
entre les deux pignons, compris le chœur, et aura
25 pieds [3] de largeur dedans œuvre. Les murs des deux
côtés de l'église auront deux pieds et demi d'épais hors
des fondations et trois pieds de largeur dans les fondations. Le pignon du portail de l'église aura la même
épaisseur, tant dedans que hors des fondations. Le
pignon, qui fait la séparation du grand autel et du
chœur, aussi celui qui est derrière le chœur auront
environ deux pieds d'épaisseur ; aussi les murs des deux
côtés du chœur auront même épaisseur, et, dedans les
fondations, ils auront deux pieds et demi d'épais. Les

(1) Voir page 8.
(2) La toise avait 1 m. 949 de longueur.
(3) La longueur du pied était de 0 m. 3248.

murs de l'église auront vingt pieds de hauteur, pris sur le pavé de la nef ; ceux du chœur auront dix-huit pieds de hauteur, pris de dessus le plancher du chœur.

« La vitre du chœur aura la même hauteur et largeur que les RR. PP. fabriciens ont désignées sur le devis. En la nef de l'église et devant l'autel, y aura six vitres, lesquelles auront la même hauteur et largeur portées sur ledit devis ; celle de la chapelle sera de même hauteur et largeur, et on mettra trois vitres du côté du couvent et trois du côté du dehors.

« Le portail de l'église aura sept pieds de largeur et dix pieds de hauteur sous la clef.

« La nef aura huit toises de largeur ; le devant de l'autel quatorze pieds ; le chœur aura vingt pieds de longueur et seize pieds de largeur. La sacristie aura huit pieds et demi de largeur et aura même longueur qu'aura le chœur. Les murs tant en hauteur qu'épaisseur seront comme il a été ordonné par les PP. fabriciens.

« L'allée, qui va de la sacristie à la chapelle, aura quatre pieds de largeur et la muraille un pied et demi d'épaisseur ; et la chapelle aura même hauteur et largeur qu'il a été ordonné.

« Les deux fenêtres, qui sont aux deux côtés du grand tableau, auront chacune six pieds et demi sous clef et deux pieds et demi de largeur.

« La place pour le grand tableau sera comme il a été ordonné.

« La charpenterie, tant de l'église que du chœur, sera faite en façon d'un sept de quartier ; celle de la chapelle sera de même. Les chevrons de la nef auront quatre toises de longueur, ceux du chœur auront seize pieds, ceux de la chapelle auront treize pieds. La sacristie sera couverte en appentis et se fera en telle sorte qu'elle ne soit qu'une même pente avec celle du chœur. Au chœur, y aura trois fermes ; il se mettra un tirant au milieu du

Rez-de-Chaussée

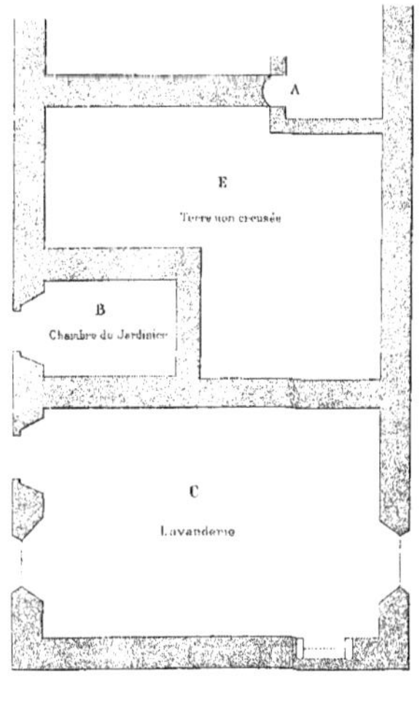

1er Étage

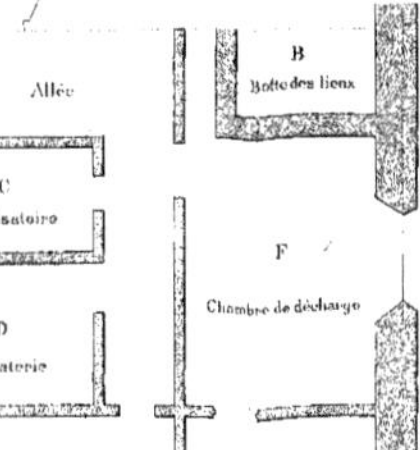

2ème Étage

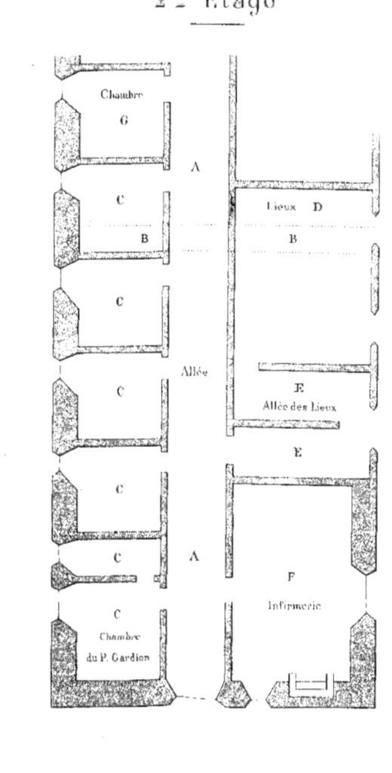

Combles

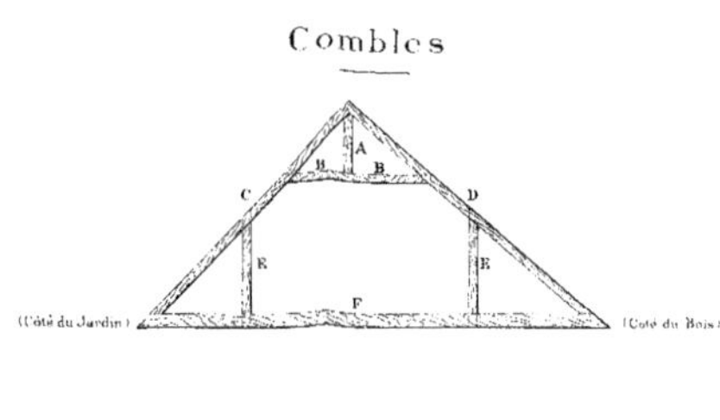

Echelle

chœur ; et, depuis le pignon de l'autel jusqu'au pignon de l'église, y aura huit maîtresses fermes, dont y en aura deux qui se mettront contre les pignons. Il y aura trois tirants : le premier se mettra à dix-huit pieds loin du pignon de l'autel, le second à trente-six pieds, le troisième à cinquante-quatre pieds ; il restera huit pieds qu'il y aura depuis le dernier jusqu'au pignon du portail de l'église, — tellement que la première travée n'a que huit pieds et les six autres chacune neuf pieds. Faut prendre garde que la chapelle soit placée en telle sorte que le milieu du tirant, qui est entre les deux autres tirants, vienne sur et au milieu de l'arcade de la chapelle, et que la porte de la chaire du prédicateur soit au milieu de la travée, qui est le milieu de toute la charpente en tirant vers l'autel et du côté du cloître. L'O [1] du pignon aura cinq pieds de diamètre.

« Il se fera un double-dortoir, qui aura la longueur de sept chambres par le côté du cloître, valant huit toises un pied sept pouces de longueur, qui est la longueur que le cloître aura de ce côté là ; par le côté du dehors, se trouvera huit chambres, à cause que le dortoir se rallonge de cinq pieds par ce côté là, d'autant qu'il vient à l'alignement du côté du chœur ; pour ce que ledit chœur n'est pas si large que l'église, il faut que le dortoir avance plus que le pignon du chœur, afin d'y trouver la fenêtre de la grande allée du dortoir.

« La montée [2] se prendra sur la place que l'on gagne au long du chœur, à cause que ledit chœur n'est pas si large que l'église, et se fera toute droite, sans retour. Il y aura dix-huit marches, la dix-huitième sera le pavé du dortoir, de sorte que la première marche, qui est ledit pavé du dortoir, commencera à l'épaisseur de la cloison par le côté des chambres. Les dix-sept autres

(1) Fenêtre circulaire au-dessus du portail.
(2) Escalier, degré.

marches auront chacune un pied de largeur ; restera quatre pieds et demi au bas de la montée pour la place de devant les portes qui entrent devant l'autel, dedans le chœur et dedans le cloître. La cloison, qui fera la séparation de la montée et des chambres du dortoir, n'aura que demi-pied d'épaisseur, se continuera jusqu'au pied de la montée, afin qu'elle vienne à l'alignement de l'église, par le côté du cloître.

« Si les marches de ladite montée sont de pierres, l'on fera un mur par le dessous, d'un pied et demi d'épaisseur, pour les porter, et ladite épaisseur se prendra par le dessous ; pour autant que la chambre, qui est devant la montée, se trouverait plus petite que les autres, si les cloisons étaient mises à vis-à-vis des cloisons des autres chambres qui sont du côté du cloître, on lui baillera la même largeur des autres, à cause que l'on gagnera ce défaut sur l'épaisseur du mur qui fait la séparation du double dortoir et du demi-dortoir des infirmeries.

« Il se fera un demi-dortoir pour les infirmeries et librairie, lequel aura quinze pieds de largeur dans œuvre ; il aura neuf toises de longueur dans œuvre, prises contre le double-dortoir jusque contre le pignon.

« Il se fera une montée qui aura huit pieds de largeur, qui est pour la largeur des deux retours et pour son parpaing du milieu. La librairie, qui sera auprès, aura quinze pieds de longueur... »

II. — Notes concernant les constructions faites et a faire au couvent des capucins de Mayenne [1].
(1629)

Rez-de-Chaussée

A. — Canal des lieux, qui doit être en forte pente pour

[1] Voir plan ci-annexé, page 147.

aller joindre l'aval canal. S'il passe trop près du puits, il faudra le tirer obliquement.

B. — Chambre du jardinier.

C. — Lavanderie de 23 pieds sur 14 ou 15, avec deux fenêtres en abat-jour, comme aussi à la chambre Saint-Michel et à la chambre de décharge.

E. — Terre non creusée.

Premier étage

A. — Allée de 5 pieds avec deux portes, l'une du chauffoir, l'autre du jardin sur laquelle on fera une fenêtre.

B. — Botte des lieux, de 8 pieds sur 5, y compris les murailles d'un pied d'épaisseur.

C. — Expulsatoire, de 5 pieds sur 9.

D. — Sanaterie, de 6 ou 7 pieds sur 9.

E. — Communauté, de 16 sur 13. L'ouverture H est pour entendre la messe, laquelle messe, en cas de besoin, se pourra dire dans la communauté.

F. — Chambre de décharge, de 9 sur 13.

G. — Chambre de Saint-Pierre, de 9 sur 16 pieds.

Deuxième étage

A. — Allée du dortoir, de la largeur de celle qui est faite et de pareille hauteur.

B. — Pignon du dortoir qu'il faut abattre jusqu'à hauteur d'étage.

C. — Cinq chambres avec une petite pour mettre les archives et qui a son entrée par la chambre du père Gardien et qui empêche qu'on n'entende ce qui s'y dira.

D. — Lieux de 14 pieds de long sur 12 1/2 de large, d'autant que la muraille ne sera qu'à hauteur d'étage et que le reste sera de charpente.

E. — Allée des lieux.

F. — Infirmerie, de 16 pieds de long sur 10 de large.

G. — Chambre déjà faite.

Charpente

A. — Poinçon qui doit être troussé et ne pas descendre sur les tirants.

B. — Entrait. Il en faut, à chaque chevron, un pour faire le lambris de la bibliothèque.

C. — Chevrons du côté du jardin, moins longs que ceux qui leur sont opposés.

D. — Chevrons, du côté du bois, plus longs que les autres.

E. — Jambettes pour supporter les chevrons, sans filières, et pour faire la largeur de la librairie.

F. — Tirants de 27 pieds, sur 9 pouces en carré, qui doivent être bien entravés dans les sablières. Il ne faut que deux lucarnes du côté du jardin, sans en mettre du côté du bois, et qu'elles soient posées à hauteur d'accoudoir dans les chevrons et non sur la muraille. Du côté du bois, on peut faire, comme au Mans, deux ou trois œils de bœuf au-dessus des jambettes ou en mettre de verres dormants.

Dans la buanderie, il n'y faut point de voûte, mais seulement deux poutres également posées, de 17 ou 18 pieds, et sur ces poutres des soliveaux bien forts de 7 pouces et quart, et qu'ils soient posés sous la chambre de Saint-Pierre en sorte qu'un homme ne puisse passer entre deux. Ces soliveaux doivent être de 8 pieds et demi, d'autant qu'ils seront posés dans les murailles.

La chambre Saint-Pierre doit être toute entourée d'aussi fortes limandes que des soliveaux, et qu'elles soient posées si proche l'une de l'autre qu'un homme n'y puisse passer. Des limandes communes suffiront pour la chambre de décharge, pour la communauté, sanaterie, expulsatoire, si à ces trois devises on ne fait des murailles d'un pied d'épaisseur.

Il faudra laisser à la chambre de décharge et par dessus la porte de la sanaterie et de l'expulsatoire, des jours pour éclairer la petite allée qui conduit à la Communauté.

On peut faire dans la Communauté une trappe qui se ferme avec un petit degré qui descende dans la buanderie, pour la commodité seule du...

Vis à vis des lieux et des allées qui y conduisent, il faut ne mettre que de la charpente, comme on a fait au Mans.

Pour la charpente du dessus, il faut prendre garde qu'à chaque séparation de chambre il y ait des tirants, qui soient bien entravés dans les sablières qui doivent être simples, sans blochets, ni jambettes, que pour soutenir les chevrons et pour faire la largeur de la bibliothèque. Il faut que les tirants soient forts, car ils servent de poutres à l'infirmerie et aux lieux.

Il faut ne pas faire la charpente en croupe rabattue, mais conduire le pignon jusqu'au faîte, pour conserver la grandeur de la bibliothèque.

Comme les chevrons doivent être plus courts du côté du jardin que de celui du bois, j'ajoute une figure selon laquelle la charpente doit être conduite.

B [1]

I. — « Description des lieux ou sont posés les
« regards de la fontaine de ce couvent de
« Mayenne, avec les mesures des distances des
« uns aux autres [2].

(1629) [3]

« Commençant donc par où elle (la conduite des eaux)
finit, faut savoir qu'à une toise proche du dernier tuyau,
par où elle monte à la lavanderie, est une décharge pour
évacuer l'eau et raccommoder les tuyaux de plomb
pourvu que le... soit au dessus de la terre ; que s'il est
à la jointure du tuyau de terre, faudra évacuer par le
premier regard qui est hors le couvent, auquel y a une
décharge, ou, si l'on veut, par le grand regard qui est
à l'entrée du pré où sont les sources. Et pour mieux
savoir par où passe le canal, prenant de la lavanderie
il s'en va au long de la treille, à quelques quatre pieds
loin de la muraille du réfectoire, passe proche le coin
de la dépense et tire, à droite ligne, au coin de la sacristie et cotoye le mur d'icelle environ deux pieds loin jusque là où elle y monte ; et de là tire, à droite ligne, proche
le coin de la chapelle et de là cotoye la muraille du
cimetière à quelques trois pieds loin, tire, à droite ligne,
au premier regard, qui est éloigné de la muraille du jardin de la sacristie de 20 toises 1/2, biaise un peu à gauche, tire par le milieu de la barrière qui est à deux
toises et un pied proche ledit regard.

(1) Voir page 21.

(2) Cette description fut rédigée par les capucins en 1629, ce qui indique
qu'ils avaient pris possession du droit de canalisation avant que l'abandon
ne leur en eût été consenti par contrat notarié. En effet, celui-ci ne fut
passé, comme on l'a vu, que le 1er août 1630.

(3) Voir plan ci-annexé, page 1.

« Le deuxième regard est posé dans le talus du friche
de la Ménardière, du côté gauche de la petite venelle
qui cotoie ledit champ et à 25 toises 1/2 du premier ;
le canal cotoye le fossé du premier au deuxième jusqu'à
proche d'icelui qui traverse le dit fossé.

« Sur une ligne droite tirée de ce deuxième regard vers
la venelle qui aboutit dans le chemin de la Beuvinière et
dans le même champ, appelé le friche de la Ménardière,
est le troisième regard à 36 toises et 4 pieds, environ 3
pieds de la haie.

« De ce troisième regard au quatrième sur la ligne
tirée le long de ladite venelle, il y a 73 toises, à 4 toises
au dessus du champ appelé le champ des Trois-Corniè-
res.

« Du quatrième au cinquième, qui est posé au coin du
champ appelé le champ du Poirier, à deux pieds proche
le fossé, au lieu où l'on fait la brèche à entrer les charrettes, il y a 53 toises et 2 pieds.

« Du cinquième au sixième regard, il y a 42 toises et
demie ; ce dernier est posé dans le talus du champ de la
Maheutière (Mauhitière). A ce regard, il y a un tuyau de
plomb qui joint les tuyaux de terre à ceux de bois.

« Le canal, partant du cinquième regard, suit le fossé
environ trois pieds proche d'icelui jusqu'à 14 toises qu'il
traverse le chemin, à main gauche, par sous une petite
butte, entre dans le fossé et est, en cet endroit, assez pro-
fond en terre.

« Du sixième au septième regard, il y a 90 toises. Le
canal traverse le champ de la Maheutière et tire, à droite
ligne, au coin du pré appelé le pré Melleray, puis dans
le pré où sont les sources, appelé le friche de la Maheutière, mais joignant le coin dudit pré Melleray. Ce regard
est le grand qui à sa décharge dans le fossé.

« De ce grand regard, sur une ligne droite tirée au
coin du haut du pré, du côté droit, est le canal dans

lequel il y a encore une espèce de regard où s'assemblent deux sources, à 25 toises dudit grand regard du grand canal, et de ce petit jusqu'aux plus hautes sources, il y a 20 toises; et il y a de profondeur, en cet endroit, environ 2 toises jusqu'au canal ».

En 1670, l'écoulement des eaux laissant à désirer, il fut fait de nouveaux travaux pour le faciliter.

II. — Etat de la fontaine et de tous les ramas d'eau depuis la source jusqu'a la sortie du pré ou ont été mis des canaux de terre.

« Au mois de juin 1670.

« Commençant au regard pour être plus apparent que ne sera la source, la tranchée n'est profonde que de 4 pieds et demi jusqu'au 4e ramas (chiffre de 23) et de là, en approfondissant jusqu'à la source, de 6, de 7, jusqu'à 8 pieds proche de la source, qui est couverte de deux grandes pierres plates aussi couvertes de conroi. L'endroit est marqué d'une grosse pierre debout. Du regard de la sortie du pré, où aboutit le premier ramas d'eau à 9 pieds de la tranchée en biais, il y a 50 pieds ; de là au second ramas d'eau il y a 21 pieds ; de ce second au troisième il y a 73 pieds ; de là au quatrième ramas d'eau, qui est à gauche de la tranchée, il y a 23 pieds, en biais de la même tranchée et où il y touche 24 pieds ; de là au dernier ramas d'eau il y a 46 pieds; et de là à la source 50 pieds. Il est à noter que ces ramas d'eau, marqués sur la tranchée, sont au fond d'icelle, et, en chacun il y a un tuyau de plomb percé et planté sur les tuyaux de terre assez mal couverts : c'est pourquoi on prendra garde en y bêchant que ces pierres mal agencées n'aillent tomber sur le tuyau et le casser. Il faudra, de temps en temps, visiter la tranchée, qui est au-dessous du grand regard, le long du fossé, et le regard même, tous les trois ou six mois ; et pour les autres, les 6 grands d'ici au pré, il faut les visiter tous les quinze jours, en purger les plaques percées et les pots.

« Les tranchées d'ici au grand regard du pré sont, dans le prochain champ du pré, au haut, de 6 pieds de profondeur et en descendant de 5 et de 4 pieds au bas. Le premier regard après est dans le chemin assez apparent, aussi bien que tous les autres d'ici là, et les tranchées entr'eux sont ordinairement de 4 pieds de profondeur. Les tuyaux, dans le chemin de la Bovinière, ont été, cette année, levés et haussés et posés à la hauteur du chemin qu'on a converti et garni de pierres des deux côtés et par dessus, mais assez mal sûrement. Il sera bon, quand on pourra, de les mieux regarnir de pierres de taille, qui aient bien de l'assiette et couvrent plus sûrement, car les charrettes pourraient les endommager. Il faut aussi songer que les ornières des charrettes soient bien garnies de pierres des deux côtés, à ce qu'elles n'enfoncent trop. Le champ ensuivant et en deçà du chemin il y a deux trous dans les tuyaux, bouchés de ciment ; le plus proche du côté du chemin est à 22 pieds de la haie, le 2º à 42 pieds et le 3ᵉ, plus loin, à 114 pieds où l'on pourra, en cas de besoin, voir.

« Est à noter que, d'un regard à l'autre, les canaux sont tous en ligne directe. Est encore à noter que dans le champ, où le deuxième regard est dans le buisson, il y a, environ le milieu et vers des pommiers qui sont au milieu, des défauts dans les tuyaux qui sont souvent en désordre et même dans le buisson proche du troisième regard.

C [1]

I. — Religieux originaires de Mayenne et des environs

La liste suivante n'est pas complète. Elle comprend seulement les noms des religieux que nous avons trouvés au cours de nos recherches.

Agapit d'Ernée, P. ; gardien de Mayenne en 1654, de Baugé en 1659 ; de Château-Gontier en 1661 ; de Laval en 1663 ; de Mayenne en 1666 ; — V. 3 juillet 1627.

Albert d'Ernée, P. ; — V. 11 juin 1647 ; — D. 1647.

Alexis de Laval, Pr. ; (1698).

Amadie de Lassay, P. — V. 21 février 1647. — D. 1661.

Anaclet de Lassay, P. — V. 13 juillet 1632.

André de Laval, L. — (1699).

Ange de Château-Gontier, Pr., gardien de Quimper en 1630, de Vannes en 1632, de Château-Gontier en 1644, de Saint-Brieuc en 1645, de Baugé en 1650, des Sables en 1654, de Baugé en 1658. — V. 30 avril 1610. — D. 1662.

Ange de Laval, Pr. — V. 16 décembre 1660. — D. 1717.

Ange-Marie de Laval, Pr. (1698).

Antoine de Laval, C. — V. 14 juin 1641. — D. 1650.

Apollinaire de Martigné, P. (1746).

(1) Voir page 72.

Explication des abréviations contenues dans la note C.

P. prêtre.

Pr. prédicateur.

C. clerc.

L. frère lai.

V. Date de la vêture ou prise d'habit.

D. Date du décès.

Une date placée entre parenthèses, à la suite du nom d'un religieux, indique l'année où nous avons constaté son existence.

Archange de Laval, Pr. (1693).

Archange de Mayenne, C. (1671).

Arsène de Domfront, Pr. (1709). — D. 1736.

Barthélemy de Laval, Pr. (1701).

Barthélemy de Mayenne, P. — V. 9 mai 1615. — D. 1633.

Basile de Laval, P. — V. 16 janvier 1625. — D. 1649.

Basile de Laval, P., gardien de Luçon en 1667. — V. 5 septembre 1649.

Basile de Laval, C. (1708).

Bénigne de Laval, L., 7 février 1618.

Benjamin de Domfront, P. (1722).

Bernard de Laval, Pr. (1687).

Bernard de Mayenne, Pr. — V. 12 juin 1616. — D., en Guinée, le 28 novembre 1637.

Bernard de Mayenne, P. (1729). — D. 1731 [1].

Bernard de Mayenne, P., dernier gardien de Mayenne. — D. 1811.

Bernardin d'Ernée, Pr., gardien de Guingamp en 1630. — V. 20 mai 1618. — D. 1631.

Bernardin de Fougères, C. — V. 6 mai 1660.

Bernardin de Laval, P. — V. 20 juin 1599. — D. 1641.

Bonice de Mayenne, L. — V. 7 mai 1607. — D. 1661.

Bonin de Laval, L. (1667).

[1] Le P. Bernard a écrit une biographie édifiante de Jean Labbé, fils de Nicolas Labbé et de Laurence Fourré, né à Bourseul (arrondissement de Dinan), le 7 juin 1648, appelé en religion le P. Gabriel de Dinan, qui avait été son professeur de philosophie et de théologie. Son manuscrit, conservé aux archives de Milan, est précédé de la note suivante : « Vie du R. P. Ga- « briel de Dinan, prêtre capucin, recueillie et composée, sur l'ordre du T. R. « P. François-Joseph de Malignon, prêtre du même ordre, prédicateur, défi- « niteur général de l'ordre des capucins et provincial de la province de Bre- « tagne, par le Père Bernard de Mayenne, prédicateur du même ordre, et « transmise à l'annaliste de l'ordre, par le R. P. Aimé de Lamballe, provin- « cial, année 1742 ».

Cette biographie a été rectifiée par le R. P. Flavien de Blois, capucin, lecteur d'éloquence, et publiée de nos jours, (V. *Vie du R. P. Gabriel de Dinan.* Paris. Poussielgue, 1887).

Célestin de Fougères, L. (1672).

Célestin de Lassay, L. — V. 6 avril 1637 ; — D. 1693.

Célestin de Mayenne, P.

Charles de Montaudin, P. (1745).

Charles de Fougères, ancien custode et supérieur des missions du Levant, décédé au Mans, le 26 novembre 1750.

Chérubin d'Evron, P. — V. 7 février 1619. — D. 1638.

Christophe de Château-Gontier, L. — V. 25 juillet 1599. — D. 1647.

Cosme de Fougères, P. — V. 5 novembre 1618. — D. 1642.

Cyrille de Mayenne, Pr., professeur de théologie au Séminaire, au Mans. — V. 2 octobre 1633.— D. à Porto, le 23 août 1658.

Damase de Mayenne, P. — V. 11 décembre 1633.

Damien de Château-Gontier, L. — V. 25 août 1658.

Damien de Fougerolles, P. — V. 22 juillet 1633 ou 1635.

Damien de Mayenne, L. — V. 30 avril 1661.

Denis de Lassay, P. — D. 1712.

Denis de Mayenne, P., lecteur à la Flèche en 1654 ; lecteur de philosophie à Guingamp en 1656 ; professeur au Mans en 1658 ; de théologie en 1659, 1660, 1661 ; gardien à Morlaix en 1663, à Baugé en 1665. — V. 29 septembre 1644. — D. 1683.

Désiré de la Guerche, L. — V. 21 mars 1648. — D. 1656.

Dominique de Domfront, L. — V. 20 mai 1617. — D. 1661.

Dominique de Laval, Pr. — D. 1744.

Dominique de Passais, C. — V. 22 juillet 1633. — D. 1639.

Dorothée de Château-Gontier, P., lecteur de philosophie à Château-Gontier en 1656, à Saint-Malo en 1658 ;

gardien de Morlaix en 1659, de Laval en 1661 ; de Morlaix en 1662, de Château-Gontier en 1663 ; du Mans en 1667. — V. 3 mars 1634.

Dorothée de Lassay, P., gardien de Lannion en 1648, de Machecoul en 1650, de Mayenne en 1652 ; lecteur de théologie à Laval en 1653. — V. 8 juin 1628. — D. 1662.

Dorothée de Mayenne, C. — V. 5 juin 1656.

Emilien de Mayenne, L. — V. 1616. — D. 1646.

Emilien de Mayenne, L.— V. 12 juillet 1661.— D. 1670.

Emmanuel de Mayenne, C. — V. 26 mai 1631. — D. 1662.

Etienne de Laval, L. — V. 19 juin 1656. — D. 1662.

Fabien de Laval, P., gardien du Croisic en 1635, de St-Brieuc en 1636, de Quimper en 1637. — V. 26 octobre 1618. — D. 1641.

Félicien de Mayenne, L. — V. 2 février 1648.

Félix de Gorron, L.

Félix de Mayenne, C. — V. 25 août 1659. — D. 1714.

Félix de Mayenne, P. — D. au Mans, le 17 décembre 1742.

Florent de Laval, P. — V. 17 novembre 1609. — D. 1631.

Florent de Laval, Pr. — (1697).

Florent de Mayenne, P., gardien de Dinan en 1655, de Mayenne en 1658, de Saint-Malo en 1662, de Roscoff en 1664, de Laval en 1665. — V. 2 octobre 1633.

Fortuné de Fougères, C. — V. 16 mai 1664.

François de Domfront, Pr. — (1669).

François de Laval, C. — V. 2 avril 1660.

François de Mayenne, Pr. — (1722).

Fulgence de Laval, P. — V. 15 août 1654.

Gabriel d'Ernée, P. — V. 4 septembre 1610. — D. 1641.

Gabriel de Laval, L. — (1676).

Gabriel de Mayenne, L. — D. 1721.

Georges de Lassay, P. — V. 19 octobre 1625.— D. 1695.

Gervais de Mayenne, P. — V. 30 octobre 1618. — D. 1639.

Gilles de Mayenne, L. — V. 29 août 1651.

Grégoire d'Ernée, P. — 28 mai 1618, (un autre document donne la date du 7 février 1618). — D. 1648.

Guy de Mayenne, L. — D. 1782.

Henry de Laval. — C. (1675).

Hilaire de Domfront, P. — V. 1er ou 8 mars 1618.— D. 1657.

Hilaire de Lassay, P., supérieur de l'Hermitage en 1638. — V. 28 septembre 1614. — D. 1657.

Hilarion de Château-Gontier, L. — D. 1741.

Hilarion de Lassay, P. — V. 21 octobre 1610. — D. 1638.

Hilarion de Laval, L. — (1682).

Hyacinthe de Fougères, C. — V. 25 août 1658.

Hyacinthe de Laval, Pr. — (1695).

Jacques de Laval, C. — (1683).

Jean-Baptiste de Laval, L. — (1782).

Jean-François de Lassay, C. — (1658).

Jean-François de Laval, Pr. — (1686).

Jean-Marie d'Ernée, Pr. — V. 15 août 1630. — D. 1670.

Jérôme de Laval, Pr. — (1699).

Jérôme de Mayenne, P. — V. 29 septembre 1621. — D. 1636.

Jérôme de Mayenne, P. — (1774).

Joseph de Fougères, C. — V. 23 mai 1660.

Joseph de Laval, L. — D. 1716.

Joseph-Marie de Laval, C. — (1682).

Joachim de Mayenne, P. — V. 21 novembre 1614. — D. 1650.

Julien de Domfront, P. — V. 30 mai 1612. — D. 1644.

Julien de Mayenne, L. — (1778).

Justin de Mayenne, L. — V. 24 mai 1615, (on trouve aussi la date du 24 juin 1619). — D. 1650.

Lambert de Château-Gontier, L. — V. 16 novembre 1657.

Laurent de Fougères, C. — V. 12 août 1657.

Léon de Laval, Pr. — (1693).

Louis de Mayenne, L. — (1641).

Louis de Laval, P. — V. 25 avril 1611. — D. 1631.

Luclen de Château-Gontier, L. — V. 12 janvier 1646. — D. 1658.

Marien de Laval, C. — V. 7 juillet 1659.

Mathieu de Mayenne, Pr. — V. 15 août 1624. — D. 1651.

Mathurin de Domfront, P. — V. 2 août 1647.

Michel de Mayenne, P. — V. 7 juin 1609. — D. 1659.

Modeste de Mayenne, L., gardien de Machecoul en 1629; maître du noviciat de Laval en 1629, de Saint-Malo en 1633, de Nantes en 1635, de Laval en 1638, de Saint-Malo en 1639, de Morlaix en 1640, de Saint-Malo en 1645, de Laval en 1646; gardien du Mans en 1649, de Château-Gontier en 1654. — V. 15 juin 1606. — D. 1657.

Nicolas de Laval, L. — (1708).

Olivier de Château-Gontier, L. — (1711).

Onuphre de La Croixille, L. — (1642).

Onuphre de Laval, L. — V. 6 juin 1625.

Pierre de Laval, L. — (1769).

Pierre de Mayenne, L. — (1769).

Placide de Laval, L. — V. 8 novembre 1638. — D. 1714.

Placide de Laval, L. — V. 8 novembre 1638.

Polycarpe de Sept-Forges, Pr. — V. 13 septembre 1620. — D. 1651.

Raphaël de Mayenne, P. — V. 7 juin 1609. — D. 1650.

Robert de Domfront, P. — V. 15 octobre 1625. — D. 1661.

Roch de Fougères, P. — 15 août 1638.

Romuald de Laval, Pr. — V. 20 février 1618. — D. 1650.

Romuald de Laval, Pr. — (1698),

Sébastien de Château-Gontier, Pr., gardien de Guingamp en 1645, de Dinan en 1646, d'Auray en 1652, de Vannes en 1654, d'Auray en 1659. — V. 19 janvier 1619. — D. 1660.

Sébastien de Château-Gontier, P. — (1692).

Séraphin de Château-Gontier, C. — V. 1627. — D. 1631.

Séverin de Fougerolles, L. — (1645).

Sylvestre de Laval, Pr. — Né à Laval en 1570.

Siméon de Fougères, P. — V. 1er février 1625. — D. 1637.

Siméon de Fougerolles, L. — V. 8 mai 1610, peut-être 3 mai 1616. — D. 1663.

Théodore d'Ernée. — (1666).

Théodore de Mayenne, L. — (1776).

Théophile d'Ernée, Pr., gardien du Croisic en 1629. — V. 4 octobre 1610. — D. 1650.

Tiburce de Mayenne, C. — V. 11 février 1663.

Tiburce de Mayenne, P., gardien de Laval en 1727.

Timothée de Mayenne, P. — V. 23 août 1624. — D. 1672.

Valentin de Mayenne, Pr., gardien de Landerneau en 1638, de Dinan en 1652. — V. 9 juin 1610. — D. 18 septembre 1652.

Valérien de Fougères, P. — (1746).

Urbain de Lassay, P. — V. 21 novembre 1626.

Uriel de Laval, L. — V. 7 juin 1658.

Yves d'Ernée, P. — V. 21 juin 1619. — D. 1631.

Yves de Laval, P., gardien de Machecoul en 1667. — V. 21 juin 1656.

Zacharie de Mayenne, Pr. — 24 juin 1633.

A cette liste il faut ajouter notamment un ancien capucin qui déserta le couvent, François-Alexandre La Chesnaye des Bois, né à Ernée le 17 mai 1699, décédé à Paris le 29 juin 1784.

II. — Religieux décédés et inhumés au couvent de Mayenne

Agathange de Rennes, L. — D. 26 avril 1743.

Alexandre de Loudéac, L. — D. 1684.

Alexandre de Saint-Brieuc, P. — D. 5 novembre 1759.

André de Dinan, C. — V. 12 février 1644. — D. 4 janvier 1654.

Ange de Laval, Pr. — D. 1717.

Anselme du Theil, P. — D. 12 novembre 1755.

Anselme de Châteaugiron, P. — D. 18 octobre 1768.

Antoine du Mans, P. — D. 20 janvier 1672.

Antoine de Tinténiac, L. — D. 9 novembre 1736.

Arsène de Domfront, P. — D. 10 janvier 1736.

Augustin du Mans, Pr. — D... janvier 1694.

Bernard de Mayenne, P. — D. 21 février 1731.

Bernardin de Fresnay, P. — V. 17 mai 1622. — D. 3 août 1640.

Calixte de Lucé, Pr. — V. 12 janvier 1620. — D. 8 débre 1654.

Célestin de Lassay, L. — D. 8 février 1693.

Clément de Vannes, P. — D. 14 avril 1773.

Denis de Mayenne, Pr. — V. 29 septembre 1644. — D. 7 février 1683.

Denis de Lassay, P. — D. 4 avril 1712.

Dominique de Laval, Pr. — D. 19 août 1744.

Eléazar de Rennes, P. — D. 12 août 1786.

Emilien de Mayenne, L. — V. 12 juillet 1661. — D. 9 août 1670.

Emmanuel de Tréguier, P. — D. 21 janvier 1672.

Esprit de Lomme, P. — V. 13 mai 1605. — D... avril 1639.

Esprit du Mans, Pr. — V. 21 mai 1611. — D. 4 octobre 1658.

Félix de Mayenne, Pr. — D. 1706.

François-Marie du Mans, C. — D. 10 novembre 1726.

François de Rennes, P. — D. 23 novembre 1781.

François-Marie du Mans, P. — D. 23 août 1751.

François-Xavier de la Flèche, P. — D. 26 mars 1773.

Gabriel d'Ernée, Pr. — V. 4 septembre 1610. — D. 4 février 1641.

Gabriel de Mayenne, L. — D. 1721.

Georges de Montauban, P. — V. 22 avril 1618. — D. août 1632.

Gervais de Mayenne, P. — V. 3 octobre 1618. — D. 11 avril 1639.

Gilles de Guérande, L. — V. 1627. — D. 4 novembre 1639.

Guy de Mayenne, L. — D. 9 août 1782.

Hilarion de Laval, L. — D. 1706.

Hilarion de Château-Gontier, L. — D. 22 mai 1741.

Jean-François de Lassay, Pr. — V. 4 octobre 1627. — D. 18 avril 1641.

Jean-Chrysostôme de Châteaugiron, P. — D. 28 novembre 1785.

Jean-Marie d'Ernée, Pr. — V. 15 août 1630. — D. 9 août 1670.

Jérôme de Saint-Malo, C. — D. 21 avril 1737.

Joseph de Guérande, P. — V. 15 août 1629. — D. novembre 1645.

Joseph de Laval, L. — D. 28 avril 1716.

Julien de Villaines, P. — D. 18 mars 1728.

Julien de Sillé, P. — D. 8 juillet 1769.

Léon de Mayenne, L. — D. 1er mars 1681.

Louis-François de Saint-Brieuc, Pr. — D. 14 février 1669.

Louis-François de Saint-Brieuc, P. — D. 22 octobre 1750.

Michel de Mayenne, P. — V. 7 juin 1609. — D. 7 mai 1659.

Modeste du Mans, P. — D. 22 février 1672.

Noël de Dinan, C. — D. 1721.

Paul de Morlaix, L. — D. avril 1723.

Placide de Laval, L. — D. 21 août 1714.

Rogatien de Nantes, C. — V. 14 avril 1616. — D. 13 janvier 1650.

Romuald de Châteaulin, P. — D. 4 mars 1687.

Timothée de Mayenne, P. — V. 23 août 1624. — D. 2 février 1672.

Valérien de Fougères, P. — D. 8 avril 1763.

TABLE ANALYTIQUE

—

CHAPITRE I

L'Ordre des capucins. — Fondation du couvent de Mayenne à la demande des habitants. — Les premières constructions. — Bénédiction de l'église du monastère 1

CHAPITRE II

Construction d'un aqueduc. — Chemin d'accès au couvent des capucins. — Procès. — Dessèchement des étangs de la Grange. — Travaux divers exécutés au monastère 16

CHAPITRE III

Conflit entre les provinces capucines de Touraine et de Bretagne. — Ressources des capucins ; dons et legs. — Difficultés entre le couvent et du Bois-Motté, curé de Notre-Dame de Mayenne. — Mesures rigoureuses prises par les évêques du Mans 38

CHAPITRE IV

Sévérités de la discipline. — Dévouement des capucins. — Insultes et violences d'un jeune libertin ; intervention du P. gardien de Mayenne. — Considération dont jouissaient les religieux. — Réceptions faites aux généraux de l'ordre........   57

CHAPITRE V

Noms des PP. gardiens du couvent de Mayenne. — Les pères temporels. — Les sœurs des capucins. — Le Tiers-ordre de saint François à Mayenne ; ses règlements, sa chapelle, son mobilier. — Noms de quelques tierçaires.............   72

CHAPITRE VI

Le cas de conscience d'un juge. — Mode de prédication des capucins. — Du danger pour le clergé de la société des femmes coquettes et parées, d'après le P. Balthazar ; les poésies de ce religieux. — Souvenirs de plusieurs capucins de grande piété...............................   90

CHAPITRE VII

Fête de la canonisation de saint Félix de Cantalice, premier saint de l'ordre des capucins. — Fêtes diverses. — Une relique de la vraie croix. — Service solennel pour le repos de l'âme du P,

Aimé de Lamballe, général de l'Ordre. — Translation de reliques. — Fêtes en l'honneur de Saint-Laurent de Brindes....... 110

CHAPITRE VIII

Les capucins de Mayenne à l'époque de la Révolution ; ils refusent le serment. — Arrestation du P. Bernard. — Mauvais traitements subis par les prêtres transférés à Rambouillet. — La Bibliothèque du couvent. — Vente de l'enclos des capucins; il est racheté par les religieuses de la Visitation 125

APPENDICE

—

A. — I. Etat des travaux à exécuter pour la construction de l'église et du couvent des capucins de Mayenne ; II. Notes concernant les constructions faites et à faire au couvent........... 143

B. — I. Description des lieux où sont posés les regards de la fontaine du couvent de Mayenne, avec les mesures des distances des uns aux autres; II. Etat de la fontaine et de tous les ramas d'eau depuis la source jusqu'à la sortie du pré où ont été mis les canaux de terre.................... 150

C. — I. Religieux originaires de Mayenne et des environs ; II. Religieux décédés et inhumés au couvent de Mayenne.......................... 154

CORRECTIONS

PAGES	LIGNES	
3	12	Lisez « pape », au lieu de « page ».
16	11	Après les mots « paroisse de Mayenne », placer la note (1), ainsi conçue : V. à l'Appendice note B, la description de l'aqueduc.
17	2	*Note* 2, lisez « section A », au lieu de « section F ».
28	2	Au lieu de « l'attérissement », lire « atterrissement ».
36	17	Lisez « Saint-Bernard de Corléon ».
72	1	*Note* 1, lire « note C », au lieu de « note B ».
78	10	Après « Longpré », ajoutez « très probablement ».
80	15	Lisez « interjeta », au lieu de « interjetta ».
90	6	Au lieu de « abusent quelque fois », lisez « abuse quelquefois ».
93	23	Au lieu de « commnes » lisez, « communes ».
107	16	Lisez « décédèrent », au lieu de « moururent ».
146	1	*Note* 1, après le mot « voir », ajoutez « le ».

TABLE ALPHABÉTIQUE

DES

NOMS PROPRES CONTENUS DANS L'OUVRAGE

A

Abbeville (P. Pascal d'),40.
Accurse de Châteauneuf (le P.), 48.
Accurse de Saint-Mars (le P.), 73.
Adam 103.
Administration munici - pale (l'), 133.
Adrien du Lion-d'Angers (le P.), 42.
Affaires étrangères (minis- tère des), 51.
Agapit d'Ernée (le P.), 73, 154.
Agathange de Rennes (le P.), 161.
Aimé de Lamballe (le P.), 70, 110, 119, 120, 121, 155, 166.
Albert d'Ernée (le P.), 154.
Alençon, 39, 64, 70.
Alençon (communauté d'), 139.
Alençon (le P. Edouard d'), 51.
Alençon (Visitandines d'), 139.
Alexandre IV, pape, 49.
Alexandre VII, pape 48.
Alexandre de Loudéac (le P.), 161.

Alexandre de Saint-Brieuc (le P.), 161.
Alexis de Laval (le P.), 74, 154.
Alexis du Mans (le P.), 73.
Allard (François), 88.
Allemands (histoire des), 141.
Alpes (les), 2.
Amadie de Lassay (le P.), 154.
Ambroise (saint), 96.
Ambroise de Rennes (le P.), 42.
Amis de la Constitution (société des), 135, 136.
Anaclet de Lassay (le P.), 154.
Andigné (Pierre André d'), 33.
André de Dinan (le P.), 161.
André de Lapenty (le P.), 72.
André de Laval (le P.), 154.
Ange de Château-Gontier (le P.), 72, 154.
Ange de Laval (le P.), 36, 73, 76, 154, 161.
Ange de Mamers (le P.), 32, 73.
Ange de Saint-Brieuc (le P.), 75.

Ange-Marie de Laval (le P.), 154.

Angélique de Nantes (le P.), 73.

Angers, 38, 43.

Angers (le P. Honoré d'), 72.

Angers (le P. Isidore d'), 72.

Angevine (Nostre-Dame l'), 78.

Angot (M. l'abbé), XI, 127.

Angot (René), 88.

Angoulême, 38.

Anjou (l'), 38, 39.

Annales des capucins de Mayenne (les), XI, 31, 44, 63, 64, 70, 83, 118, 119.

Annonciades (religieuses des), 54.

Anselme de Châteaugiron (le P.), 161.

Anselme du Theil (le P.), 74, 161.

Antoine de Laval (le P.), 154.

Antoine de Rennes (le P.), 52.

Antoine de Tinténiac (le P.), 161.

Antoine du Mans (le P.), 161.

Apennins (les), 110.

Apollinaire de Martigné (le P.), 154.

Appert (Etienne), 130.

Arcanger (M.), 140.

Archange de Dol (le P.), 73.

Archange de Laval (le P.), 73, 155.

Archange de Mayenne (le P.), 155.

Archange de Rennes (le P.), 48.

Argentan, 39.

Aron, 79.

Arras (intendant d'), 64.

Arrondissement de Mayenne, (bibliothèque de l'), 137.

Arsène de Domfront (le P.), 155, 161.

Assemblée nationale (l'), 125, 128.

Assomption (l'), 18.

Aubert (Julien), curé, 5, 13, 15.

Augeard (Mathieu d'), curé, 18.

Augustin (saint), 48.

Augustin de Mayenne (le P.), 74.

Augustin de Rennes (le P.), 43, 47, 74, 83.

Augustin de Saint-Malo (le P.), 93.

Augustin du Mans (le P.), 161.

Augustins (les), 51.

Augustinus (l'), 48.

Aulnois (Jean des), 6.

Aulnois (Jean des), religieux, 62, 63.

Aulnois (René-Michel des), 79.

Auray, 39, 160.

Avignon, 128.

Avranches (évêque d'), 8, 9.

B

B... (François), 137.

Bachelot (Marie), 66.

Bailleul (Pierre du), seigneur de Gorron, 69.

Balesguier (Simon), prêtre, 5.

Ballesguier (Jean), 118,

Balidas (Catherine), sœur des Capucins, 77, 78, 79, 80, 81, 82.
Balthazar de Bellême (le P.), XI, XII, 40, 54, 62, 90, 94, 97, 98, 101, 102, 104, 106, 165.
Bapaume (le P. Luc de), 72.
Barbé, 80.
Barbé (Julien), 88.
Barbeu de la Chevalerie (Mathurin-René), 118.
Barbeu du Boulay (René-François), 123.
Barbier (journal de), 28.
Barbot (Louis), 88.
Barre ducale de Mayenne (la), 21, 28, 34, 66, 120.
Barrie (René-Hébert de la), 126.
Barthélemy de Laval (le P.), 155.
Barthélemy de Mayenne (le P.), 155.
Bas (Mathieu de), 1.
Baschi (Mathieu de), 2.
Basile de Laval (le P.), 73, 155.
Basile de Montfort (le P.), 74.
Basse Bretagne (la), 40.
Baudais (étang de), 27, 31, 37.
Baudais (rue de), 28.
Baugé, 39, 40, 43, 154, 156.
Baugé (le P. Louis de), 43, 44.
Bayeux (Jean-Baptiste), 137, 138.
Bazogers (Françoise de), 24.
Bazogers (Julien de), 28, 29.
Bazogers (René de), 4, 5, 17, 24, 34.

Bazogers (Renée de), 17, 21.
Beauchesne (les sieurs de), III.
Beaugency, 38.
Beaumanoir de Lavardin (Philibert - Emmanuel de), 48, 51.
Beaumont-le-Vicomte, XI.
Bécannière (Jean-Baptiste de la), notaire, 79, 138.
Bécherel (le P. Joseph-Marie de), 74.
Bellême (le P. Balthazar de),(V. Balthazar de Bellême).
Bénigne de Laval (le P.), 155.
Benjamin de Domfront (le P.), 155.
Benoiste (Françoise), 139.
Benoit XIII, 110.
Berguin (M.), 110.
Bernard (Marie), 78.
Bernard (le P.), 125, 126, 129, 130, 133, 155, 166.
Bernard de Laval (le P.), 155.
Bernard de Mayenne (le P.), 74.
Bernard de Mayenne (le P.), 74, 155, 161.
Bernard de Mayenne (le P.), 155.
Bernard du Port-Saint-Maurice (le P.), 46.
Bernardin d'Ernée (le P.), 155.
Bernardin de Fresnay (le P.), 28, 161.
Bernardin de Fougères (le P.), 155.
Bernardin de Laval (le P.), 155.
Berne (prieuré de), 28.
Berron (sieur de), 69.

Berry (le), 39.
Beucher (Pierre), 88.
Beuvinière (chemin de la), 151.
Bévinière (friche de la),16.
Bévinière (la Grande),16.
Bibliothèque de la ville de Rennes (la), XI.
Bibliothèque des gens de cour (la), 94.
Bibliothèque du couvent des Capucins (la), 166.
Billard (René), sieur de la Rousselaie, 6.
Bizeul (Julien), 29.
Blaise de Saint-Paul (le frère), 32.
Blanchet (Baptiste), 6.
Blanchet (Claude), 6, 29.
Blanchet (Jean-Baptiste),6.
Blanchet (Louis), sieur de Villefoulon, 6.
Blois, 38, 41, 42, 43.
Blois (P. Flavien de), 155.
Blouin (Nicolas), 75.
Bobot (Julien), 131.
Bobot (Marie), 132.
Bois (François-Alexandre La Chesnaye des), 160.
Boisardière (sieur de la), 16.
Bois-Dauphin (sieur de), 12.
Bois-Motté (Jacques du), curé, 38, 48, 49, 50, 51, 52, 53, 69, 164.
Boissière (François), 123.
Bonaventure de Moussé (le P.), 73.
Bonice de Mayenne (le P.), 155.
Bonin de Laval (le P.), 155.
Bordeaux, 65.
Bordelaie Brice Séneschal, (sieur de la), 6.
Bordelay (Jacques), 29.

Bordier (Mine ou Guille-mine), 4.
Bouessel (de), 75.
Boufferie (sieur de la), 45.
Bouflers (régiment de), 67.
Bougler (Mathieu),notaire, 79, 80.
Bouju (François), sieur de la Jouslianière, 6.
Boulardière (Briand de la), 126.
Boulay (abbé du), 123.
Boulay (François du), 123.
Boulay (Mathurin - René du), 123.
Boulay (René - François Barbeu du), 123.
Boulier (Marguerite), 118.
Boullant (René), sieur de la Boufferrie, 45.
Bouly, III.
Bourdaloue, 94.
Bourg (sieur du), 7.
Bourges, 38.
Bourges (le P. Claude), 41, 43, 44.
Bourges (le P. Clément de), 43.
Bourgnouvel, 12, 17, 120.
Bourseul, 155.
Boussac (la), diocèse de Dol, 126.
Bouteiller, 28.
Bouvet (François), 88.
Bouvier, évêque, 140.
Bovinière (chemin de la), 151.
Boyer (Michel), 88.
Boyère (sieur de), 6.
Brault (Françoise), 66.
Brecé (curé de), 35.
Bretagne (Basse-), 40.
Bretagne (capucins de),23, 40, 43, 75.
Bretagne (chambre des Comptes de), 66.

Bretagne (côtes de), 53.
Bretagne (couvents de), 38, 41.
Bretagne (province de), 39, 40, 42, 44, 54, 62, 69, 102, 155.
Bretagne (province capucine de), XI, 38, 39, 164.
Bretagne (provincial de), 43, 56, 106.
Briand (Françoise), 126.
Briand de la Boulardière (François-Alexandre), 126.
Briand de la Buronnière (Jean-Baptiste-François) 126.
Brindejonc (Jacques), 30.
Brindes, 121.
Brindes (saint Laurent de) 36, 121.
Briqueville (Julien), 118.
Brisoult (Christophe), 7.
Brissac (duc de), 91.
Brives (chemin de), 19.
Brochard (N...), 88.
Brociers (Jean et Etienne Les), 7.
Brosse (Jean Cheüe, sieur de la), 6.
Broust (Jean), prêtre, 49.
Bruno de Rennes (le P.), 75.
Bruno du Mans (le P.), 74.
Buchard (Renée), 134.
Buronnière (Briand de la) 126.
Butte (sieur de la), 6.
Butte-des-Capucins (La), 18.

C

Cadore (le P. Fortuné de), 42.

Cadorière (sieur de la), 7.
Cailler (Gervaisine), 66.
Cailler (Jean), sieur des Champs, 30.
Calixte de Lucé (le P.), 161.
Calixte de Nantes (le P.), 72.
Calvaire de Mayenne (couvent du), 134, 136, 137.
Calvaire de Mayenne (religieuses du), 35, 36.
Calvairiennes de Mayenne (les), III.
Canaries (vin des), 60.
Canet (Rose), 139.
Cannes (le P. Henri de), 93, 94.
Cantalice (bourg de), 110.
Cantalice (saint Félix de), IX, 36, 110, 165.
Capucin charitable (le), 65.
Capucines (religieuses), 54.
Capucins de Mayenne (Annales des). (V. Annales).
Capucins de Mayenne (chapelle des), 36.
Capucins de Mayenne (chemin des), 113.
Capucins de Mayenne (couvent des), 1, 16, 38, 143, 146, 150.
Capucins de Mayenne (croix des), 23.
Capucins de Mayenne (les PP.), VII, IX, 8, 17, 19, 23, 31, 36, 46, 54, 75, 108, 112, 119, 122, 125, 135, 137, 419.
Capucins (ordre des), 18.
Capucins de Mayenne (porte des), 1.
Capucins de Mayenne (rue des), 20, 22, 78, 139.
Caquia (Jean-Louis-René), 127.
Carlière (Jacques Chabrun de la), 7.

Garrouges, 21.
Cartellière (Le Héricé de la), 128.
Cataleyerone (Innocent de), 40, 42.
Cazet (Anne), 66.
Cazet (Louis), 12.
Céaucé, 45.
Célestin de Fougères (le P.), 156.
Célestin de Lassay (le P.), 156, 161.
Célestin de Mayenne (le P.), 134, 135, 156.
Célestin de Rennes, (le P.), 74.
Célos (Anne), 130, 131.
Chabrun (Jacques), 7.
Chambre des comptes de Bretagne (la), 66.
Champ-au-Doyen (le), 4, 8, 22, 23.
Champ-de-Dessus-l'Etang, (le). 4, 8, 24.
Champ-de-la-Grange (le), 4.
Champ-de-la-Meule (le), 18.
Champ-de-la-Perrière (le), 21.
Champ-des-Capucins (le), 18.
Champ-du-Mariage (le), 4, 8, 17, 18, 21, 27.
Champigny (le P. Louis de), 41, 44.
Champigny (vin de), 67.
Champs (sieur des), 30.
Chapedelaine (Gilbert - René de), 33.
Chapelet (Guillaume), 8.
Chapelle (le P. Fiacre de la), 72.
Chapitre du couvent de Mayenne (le), 69.
Chapitre du Mans (le), 9, 10.

Chapuis (le P. Euthyme), 110.
Charles IX, 3.
Charles de Chinon (le P.), 42.
Charles de Fougères (le P.), 156.
Charles de Lorraine, duc de Mayenne, 12.
Charles de Montaudin (le P.), 156.
Charles de Niort (le P.), 42, 43.
Charterie (sieur de la), 6.
Chartrye (M. de la), 21.
Chastillon (franchise de), 12.
Ghâteau (étang du), 37.
Château (Louis), 88.
Châteaubriant (le P. Joseph-François de), 74.
Châteaubriant (le P. Michel de), 74.
Château de Mayenne (le), 32.
Châteaugiron, 127.
Châteaugiron (le P. Anselme de), 161.
Châteaugiron (le P. François-Joseph de), 126.
Châteaugiron (le P. Jean-Chrysostôme de), 162.
Château - Gontier, 31, 39, 154, 156, 157, 159.
Château-Gontier (le P. Ange de), 72, 154.
Château-Gontier (P. Christophe de), 156.
Château-Gontier (le P. Damien de), 156.
Château-Gontier le (P. Hilarion de), 158-162.
Château - Gontier le (P. Lambert de), 159.
Château-Gontier (le P. Lucien de), 159.

Château-Gontier (le P. Olivier de), 159.
Château-Gontier (P. Sébastien de), 159.
Château-Gontier (le P. Séraphin de), 160.
Châteaulin (le P. Romuald de), 163.
Châteauneuf (le P. Accurse de), 48.
Châteauroux, 39.
Château-Trompette (ruelle du), 19.
Châtelet de Paris (notaires au), 33.
Châtellerault, 38.
Châtillon (Jacques du Plessis-), 66, 67, 68. 69.
Châtillon-sur-Colmont, 66, 134.
Châtre (La), 38.
Châtres, 44.
Chaumont, 92.
Chemin (sieur du), 7.
Chérubin d'Evron (le P.), 156.
Chesnay (Mathias), 7.
Chesnaye des Bois (François-Alexandre La), 160.
Chesnel (Françoise), 134.
Cheüe (Jean), sieur de la Brosse, 6.
Cheval de Bois (quartier du), 12.
Chevalerie (Mathurin-René Barbeu de la), 118.
Chevalier (Michel), 5.
Cheverus (Lefebvre de), curé, 93, 108.
Chinon, 38.
Chinon (le P. Charles de), 42.
Chopin (René), 1.
Christophe de Château-Gontier (le P.), 156.
Cigné (127, 128).

Claude de Bourges (le P.), 41, 43, 44.
Claude d'Orléans (le P.), 43.
Clément VII, pape, 2.
Clément X, pape, 49.
Clément XI, 110.
Clément XII, 51.
Clément de Vannes (le P.), 161.
Clermont (bernadins de), 114.
Cochon (Jeanne), 126.
Cœur de Jésus (le frère du), 89.
Coignard, notaire, 139.
Collége de Mayenne (le), 62, 63, 136.
Collet (Pierre), 88.
Conception (religieuses de la), 54.
Concordat (le), 134.
Connerré, 128.
Conseil d'État (le), 43.
Conseil privé du roi (le), 41.
Constitutions des Capucins (les), 51, 57, 58, 61.
Contest, 26.
Conventuels (les), 54.
Conventuels réformés (les) 54.
Corbeau (N...), 88.
Corléon (saint Bernard de) 36.
Cornières (champ des Trois-17.
Cosme de Fougères (le P.), 44, 49, 73, 156.
Cosme du Mans (le P.), 73.
Cosnard (Ambroise), 6.
Cosnard (Macé), sieur de la Butte, 6.
Cotteblanche (Marie de), 21.
Cotteblanche (René de), 5, 63.

Couillard (N...), 88.
Coulange (Pierre), 88.
Coulon (Julien-Jacques), 79.
Coulon (Louis), 79.
Coulon, menuisier, 36.
Coulon des Rochers (Delphine), 139.
Coulon des Rochers (Eugène), 139.
Coulon des Rochers (Jacques), 138.
Coulon des Rochers (Jean-René), 139.
Coulon des Rochers (Jules), 139.
Coulon des Rochers (Modeste), 139.
Coulon des Rochers (Ursule, 139.
Coupris (Denis), 88.
Courbe (Nicolas Le Cornu de la), 12, 14, 15.
Cour de Grazay (sieur de la), 17.
Cousin (Anne), 126.
Cousin (François - Jean - Baptiste), 126.
Cousin (Michel), 126.
Cousin de la Reinière (Jean), 126.
Cousin de la Reinière (Jeanne), 126.
Couterne, 130, 131, 132, 133.
Couterne (garde nationale de), 131.
Couterne (pont de), 131.
Couture du Mans (église de la), 139.
Croisic (le), 157, 160.
Croixille (le P. Onuphre de la), 159.
Crosneau (Jean-Baptiste), 118.
Cruchet, 135.

Cyrille de Mayenne (le P.), 156.

D

Damase de Mayenne (le P.), 156.
Damien de Château-Gontier (le P.), 156.
Damien de Fougerolles (le P.), 156.
Damien de Mayenne (le P.), 156.
Davoust (René), 88.
Davoust d'Etival (Julien), 118.
Davoynes (Michel), notaire, 29, 78, 79.
Déchaussés (les), 54.
Defermon, préfet, 138.
Demarion-Dufresne (Louise-Geneviève), 139.
Demée (Nicolas - Julien), 139.
Demétrius, 9.
Denis de Lassay (le P.), 156, 161.
Denis de Mayenne (le P.), 48, 73, 156, 161.
Denis de Saint-Denis, (le P.), 73.
Denis de Villeron (Athanase-Charles), 139.
Derouet (François), 88.
Derouet (René), notaire, 79.
Deschamps (Adam), 21.
Deschamps (François), 21, 34.
Deschamps (Marie), 21.
Désertines, 134.
Desfontaines, 128.
Désiré de la Guerche (le P.), 156.

Desnos (Pierre), 127.
Dinan, 39, 155, 157, 160.
Dinan (le P. André de), 161.
Dinan (le P. Gabriel de), 155.
Dinan (le P. Noël de), 163.
Dol (diocèse de), 126.
Dol (évêque de), 70, 83, 108.
Dol (le P. Archange de), 73.
Dol (le P. François de), 126.
Dominique de Domfront (le P.), 156.
Dominique de Laval (le P.), 156, 161.
Dominique de Passais (le P.), 156.
Domfront, 44.
Domfront (le P. Arsène de), 155, 161.
Domfront (le P. Benjamin de), 155.
Domfront (le P. Dominique de), 156.
Domfront (le P. François de), 157.
Domfront (le P. Hilaire de), 158.
Domfront (le P. Julien de), 158.
Domfront (le P. Mathurin de), 159.
Domfront (le P. Robert de), 159.
Donnet (Robert), 88.
Dorbes (Denis), 6.
Dorbes (René), 29.
Dorothée de Château-Gontier (le P.), 156.
Dorothée de Lassay (le P.), 73, 157.
Dorothée de Mayenne (le P.), 157.
Dorothée de Rennes (le P.), 73.
Drouet (Renée), 6.

Dubois (Joseph-Charles), 127.
Dubois (Manassès), sieur de Boyère, 6.
Dubourg (François), 135.
Dubreil (N....), 88.
Dufay (Anne), 133.
Duparc (Françoise), 28.
Duparc (Jean), sieur de la Roblinière, 7.
Dupont-Grandjardin (Joseph-François), 135.
Durand (Jacques), curé, 47, 84.
Durfort (Louise-Jeanne de), 34.

E

Ecole centrale (l'), 138.
Edard (Marguerite), 133.
Edouard d'Alençon (le P.), 51.
Eléazar de Rennes (le P.), 161.
Election de Mayenne (l'), 5, 21, 63, 66, 69, 120.
Elisée de Saint-Brieuc (le P.), 48.
Elzéar de Rennes (le P.), 74.
Emilien de Mayenne (le P.), 157, 161.
Emmanuel de Mayenne (le P.), 157.
Emmanuel de Tréguier (le P.), 161.
Enfant Jésus (René Davoust, frère de l'), 88.
Ernée, 44, 160.
Ernée (le P. Agapit d'), 73, 154.
Ernée (le P. Albert d'), 154.
Ernée (le P. Bernardin d'), 155.

Ernée (le P. Gabriel d'), 157, 162.
Ernée (le P. Grégoire d'), 158.
Ernée (le P. Jean-Marie d'), 158, 162.
Ernée (le P. Théodore d'), 160.
Ernée (le P. Théophile d'), 160.
Ernée (le P. Yves d'), 160.
Esnault (Jean), notaire, 7, 33.
Esnault (Pierre), notaire, 78.
Esnault (René), notaire, 45, 81.
Espagne (vins d'), 60.
Esprit de Lomme (le P.), 161.
Esprit de Tours (le P.), 42.
Esprit du Mans (le P.), 35, 107, 161.
Espronnière (Elisabeth-Vincente de l'), 32.
Espronnière (M. de l'), 33.
Estang (Macé de l'), 5.
Etang (champ-de-Dessus l'), 4.
Etang-du-Bas (l'), 4, 30.
Etang-du-Haut (l'), 4, 30.
Eteppes (le sieur des), 24.
Etienne de Laval (le P.), 157.
Etienne de Saint-Malo (le P.), 73.
Etival (Julien-Davoust d'), 118.
Eugène (le P.), 11.
Eusèbe du Mans (le P.), 74.
Euthyme Chapuis (le P.), 110.
Evron, 19, 44, 88, 89, 134.
Evron (le P. Chérubin d'), 156.

F

Fabien de Laval (le P.), 157.
Fabien de Rennes (le P.), 44, 74.
Fanneau (Louis), 7.
Fanneau (René), sieur de la Rouzière, 7.
Félicien de Mayenne (le P.), 157.
Félix de Cantalice (saint), 36, 110, 111, 112, 114, 115, 165.
Félix de Gorron (le P.), 157.
Félix de Mayenne (le P.), 157, 162.
Feltrin (le mont), 2.
Fenioux, 127.
Fiacre de la Chapelle (le P.), 72.
Fidèle de Sigmaringen (saint), 118.
Flavien de Blois (le P.), 155.
Flèche (La), 38, 40, 43, 156.
Flèche (le P. François-Xavier de la), 74, 108, 162.
Fleury (Jacques), 133.
Florence (montagne de), 2.
Florent de Laval (le P.), 72, 157.
Florent de Mayenne (le P.), 73, 157.
Fontaine (sieur de la), 7.
Fontaine-Daniel, 29, 63.
Fontaine-Daniel (abbaye de), 65, 136, 137.
Fontaine-Daniel (bernardins de), 108, 119, 123.
Fontaine-Daniel (sénéchal de), 5.
Fontanier (Pélisson), 94.
Fontenay, 38, 40, 43.

Fontenay (le P. Jean l'E-vangéliste de), 127.
Fontenay (le P. Jérôme de), 74.
Fortuné de Cadore (le P.), 42.
Fortuné de Fougères (le P.), 157.
Foucqueron (Marie-Anne-Victoire), 139.
Fougeray (le P. Hébert du), 126.
Fougères (le P. Bernardin de), 155.
Fougères (le P. Célestin de), 156.
Fougères (le P. Charles de), 156.
Fougères (le P. Cosme de), 44, 73, 156.
Fougères (le P. Fortuné de), 157.
Fougères (le P. Hyacinthe de), 158.
Fougères (le P. Joseph de), 158.
Fougères (le P. Laurent de), 159.
Fougères (le P. Roch de), 159.
Fougères (le P. Siméon de), 160.
Fougères (le P. Valérien de), 160, 163.
Fougerolles (le P. Damien de), 156.
Fougerolles (le P. Séverin de), 160.
Fougerolles (le P. Siméon de), 160.
Fourmondière (Mathieu), 88.
Fourmondière (sieur de la), 7.
Fourmont (Guillaume), 29.
Fourmy (François), 29.

Fourré (Laurence), 155.
France (la), 3, 57, 77, 128.
France (Philippe de), 53.
France (le roi de), 33, 51, 92.
François (saint), 1, 2, 35, 90, 107, 141.
François (Tiers-Ordre de saint), 165.
François de Domfront (le P.), 157.
François de Dol (le P.), 126.
François de Laval (le P.), 157.
François de Mayenne (le P.), 157.
François de Rennes (le P.), 162.
François de Sales (les filles de saint), 141.
François de Saint-Malo (le P.), 74.
François d'Orléans (le P.), 44.
François-Joseph (le P.), 129.
François-Joseph de Châ-teau-Giron (le P.), 126.
François-Joseph de Mati-gnon (le P.), 155.
François-Joseph de Saint-Malo (le P.), 74.
François-Marie (le frère), 63.
François-Marie de Vitré (le P.), 127.
François-Marie du Mans (le P.), 162.
François-Xavier de la Flè-che (le P.), 74, 108, 162.
Frandebœuf (Julien), 22.
Frères de l'Observance (les), 54.
Frères du Tiers-Ordre (les), 54.
Frères mineurs (les), 140.

Fresnay (le P. Bernardin de), 28, 161.
Fresnay (le sieur de), 6, 29, 69, 75, 78.
Fresnaye (voir Tripier de la).
Frette (François de la), sieur de la Rouërie, 6.
Frican (Patry), 5.
Froger (Jean), 130.
Froulay (Charles-Louis de), 55.
Fulgence de Laval (le P.), 73, 157.
Fulgence d'Orléans (le P.), 72.

G

Gabriel d'Ernée (le P.), 97, 157, 162.
Gabriel de Dinan (le P.), 155.
Gabriel de Laval (le P.), 157.
Gabriel de Mayenne (le P.), 157, 162.
Gandonnière (sieur de la), 6.
Garnier (François), sieur de Narbonne, 20.
Garnier de la Mauvetière (Marguerite-Marie), 66, 118.
Gast (jardin du), 78.
Gasté (Michel), 80, 81.
Gasté de la Mansonnière (Marie-Perrine), 118, 126.
Gastin (Ambroise), sieur de la Roche, 6, 63.
Gastin (François), 5, 13, 15.
Gastin (Louis), 5, 63.
Gâtoir (ruelle du), 19.

Gaudesche (Ambroise), 7.
Gaudin (Anne), 26.
Gaudin (Jean), sieur de Loginière, 24.
Gaudin (Marguerite), 26.
Gaudin (René), sieur du Berron, 69.
Gazier, 28.
Géhard (franchise de), 12.
Georges de Lassay (le P.), 157.
Georges de Montauban (le P.), 162.
Géré (Jean), 131.
Germain (Jean), 84, 88.
Gervais de Mayenne (le P.), 158, 162.
Geslin (Jean), 29.
Gien, 38.
Gien (P. Macaire de), 72.
Gilles de Guérande (le P.), 162.
Gilles de M... (le P.), 41.
Gilles de Mayenne (le P.), 158.
Girard (Renée Giraud ou), 77.
Giraud ou Girard (Renée), 77, 78, 79, 82.
Grand-Champ (le), 17.
Grand-Oisseau (le curé du), 46.
Grande-Bévinière (La), 16.
Grande-Mauhitière (La), 16.
Grandjardin (Joseph-François Dupont-), 135.
Grange (étangs de la), 16, 27, 28, 29, 30, 164.
Grange (lieu de la), 4, 17, 24, 25, 26, 31, 66, 67. 140.
Grange (pré du Viel-Etang de la), 140.
Grange (quartier de la), 30.
Grange (sieur de la), 66, 67, 68, 69.

Grange (Tripier de la), 66, 83. 118, 126.
Grange de Berron (Tripier de la), 126.
Granier (Macé), sieur de la Rogardière, 7.
Grazay, 5, 13, 14, 15.
Grazay (sieur de), 5, 15, 31.
Grazay (sieur de la cour de), 17.
Grégoire, 136, 137.
Grégoire (saint), 96.
Grégoire XIII, pape, 3.
Grégoire d'Ernée (le P.), 158.
Grégoire de Rennes (le P.), 106.
Grenier à sel de Mayenne (le), 10, 66, 120.
Grosse (Michel), 88.
Grosse (Pierre), 88.
Grosse - Duperon (Pierre), 130.
Gonzague (Marie et Anne de), 45.
Gorron, 44.
Gorron (le P. Félix de), 157.
Gorron (seigneur de), 69.
Goué (damoiselle de), 8, 32.
Goué (Jean de), 8, 22.
Goué (Gilles de), 21, 25, 26, 29.
Gougis (Emilie), 135.
Gougis (Grégoire), 135.
Gourdier (Renée-Françoise), 126.
Goyardière (sieur de la), 7.
Gué (sieur du), 25, 29.
Guérande (le P. Gilles de), 162.
Guérande (le P. Joseph de), 162.
Guérande (le P. Louis de), 17, 72.
Guerche (le P. Désiré de la), 156.

Guérin (Adrien), sieur de la Gaudonnière, 6.
Guérin (Michel), sieur du Portail, 6.
Guesné (Mathurin), sieur de la Goyardière, 7.
Guesné (Pierre Guesnet ou), 134.
Guesnerie (François), 88.
Guibray, 64.
Guilllin (Pierre), 7.
Guillin (René), 7.
Gnimond (Félicité), 135.
Guinardais (sieur de la), 6.
Guingamp, 23, 39, 155, 156, 160.
Guy de Mayenne (le P.), 158, 162.
Guy de Rennes (le P.), 73.
Guy Lorand (frère lai), 127.
Guyard (abbé), 120.
Guyard (Jean), 120.
Guyard (Jean - Baptiste), 120.
Guyard (N...), 88.
Guyard de la Fosse, 7, 28.
Guyot (Claude), 7.
Guyot (L.), prêtre, 19.

H

Haha (impasse du), 20.
Halles (place des), 37.
Hamon (Pierre), sieur de la Guinardais, 6.
Hardouin (Michel), 88.
Hardy (Bienvenu), 88.
Haut-de-Ville (chemin du), 16.
Hébert (François), 126.
Hébert (Jeanne), 126.
Hébert (Marie), 126.
Hébert (Renée), 126,

Hébert de la Barrie (Renée), 126.
Hébert de Marboué (Jean), 126.
Hébert du Fougeray (Gabriel), 126.
Henri IV, 10.
Herbelin (Charles), curé, 45, 91.
Herbonnes (Pierre Bidault d'), 25.
Hercé (Jean de), 83.
Hercé (Urbain-René de), évêque, 70, 83, 108.
Hercé (paroisse de), 126.
Hermitage (l'), 158.
Hervé (Robert), 5.
Hilaire de Domfront (le P.), 158.
Hilaire de Lassay (le P.), 158.
Hilaire de Poitiers (le P.), 41, 43.
Hilarion de Château-Gontier (le P.), 158, 162.
Hilarion de Lassay (le P.), 158.
Hilarion de Laval (le P.), 158, 162.
Hollande (toile de), 59.
Honoré d'Angers (le P.), 72.
Honoré de Cannes (le P.), 93, 94.
Horps (curé du), 45, 91.
Hôtel-de-Ville de Mayenne (l'), 27, 37, 66, 122, 124, 135, 136.
Hôtel-Dieu de Mayenne (l'ancien), 62, 63.
Hôtel-Dieu du Saint-Esprit de Mayenne (l'), 66.
Houlgard (Louis), 89.
Houssaie (Renée), 134.
Hoyau (Jacques), 46, 47.
Huard (Pierre), curé, 139.

Hubert (Thomas), 7.
Huvé (citoyen), 130.
Hyacinthe de Fougères (le P.), 158.
Hyacinthe de Laval (le P.), 158.

I

Innocent Ier, 9.
Innocent X, pape, 36, 48.
Innocent de Cataleyerone (le P.), 40, 42.
Isidore d'Angers (le P.), 72.
Isle-de-Ré (l'), 39.
Issoudun, 39.
Italie (l'), 2, 3, 42, 43, 77.

J

Jacques de Laval (le P.), 158.
Jamelin (Jeanne-Marie), 126.
Jamelin, notaire, 33.
Jansénius (Cornélius), 48.
Jansénius (hérésie de), 47, 48.
Janzé (P. Urbain de), 68, 69, 74.
Jean XXII, pape, 49.
Jean-Baptiste de Laval (le P.), 158.
Jean-Chrysostome de Châteaugiron (le P.), 162.
Jean-Chrysostome de Quintin (le P.), 73.
Jean de Moncalieri (le P.), 69.
Jean des Aulnois, capucin, 62.

Jean-François de Lassay (le P.), 158, 162.
Jean-François de Laval (le P.), 158.
Jean-François du Lude (le P.), 74.
Jean-François Séverin ou Sevin, 41, 42, 43.
Jean-l'Evangéliste de Fontenay (le P.), 127.
Jean-Marie de Noto (père général), 38, 40.
Jean-Marie d'Ernée (le P.), 158, 162.
Jean-Marie du Mans (le P.), 74.
Jérôme de Fontenay (le P.), 74, 122.
Jérôme de Laval (le P.), 73, 84, 158.
Jérôme de Mayenne (le P.), 158.
Jérôme de Saint-Malo (le P.), 162.
Jésuites (les), 140.
Joachim de Mayenne (le P.), 158.
Joséphat de Saint-Malo (le P.), 73.
Joseph de Fougères (le P.), 158.
Joseph de Guérande (le P.), 162.
Joseph de Lamballe (le P.), 48.
Joseph de Laval (le P.), 158, 162.
Joseph de Léonisse (saint), 36, 118.
Joseph de Morlaix (le P.), 48, 56.
Joseph de Nantes (le P.), 73.
Joseph de Vitré (le P.), 40.
Joseph-François de Châteaubriant (le P.), 74.
Joseph-Marie de Bécherel (le P.), 74.
Joseph-Marie de Laval (le P. 158).
Joseph-Marie de Redon (le P. 55).
Jouannault (Marguerite-Suzanne), 123.
Jourdin (Julien), 89.
Jouslianière (sieur de la), 6.
Jousse (Renée), 132.
Jublains, 89.
Julien de Domfront (le P.), 158.
Julien de Mayenne (le P.), 158.
Julien de Sillé (le P.), 162.
Julien de Vilaines (le P.), 63, 162.
Justin (le frère), 143.
Justin de Mayenne (le P.), 158.

L

Labbé (Jean), 155.
Labbé (Nicolas), 155.
La Bécannière, notaire, 79, 138.
Labitte (Jean), sieur de la Roncinière, 6.
Labitte (Marie), 17.
Labitte (René), 5, 12, 13, 15, 21.
La Chesnaye des Bois (François-Alexandre), 160.
Lacroix (L.), 65.
Ladislas (le P.), XI.
La Flèche, 38, 40, 43, 156.
Laigneau (Vincent), sieur de la Laire, 6.
Lair (l'abbé), 123.

Lair (Renée), 69.
Lair de la Motte (Jean), 126.
Lair de la Motte (Marie), 125.
Lair de la Motte (Michel-Toussaint), 123.
Lair de la Motte (René), 126.
Lair, sieur de la Boisardiè-re (Julien), 16.
Laire (sieur de la), 6.
Lamballe (le P. Aimé de), 70, 110, 119, 120, 121, 155, 166.
Lamballe (le P. Joseph de), 48.
Lamberdière (Anne), 126.
Lamberdière (Marie), 126.
Lambert (M.), 33.
Lambert (René), notaire, 80.
Lambert de Château-Gontier (le P.), 159.
Lamy, sieur du Pont-Gasté (Louis), 6.
Lande (Pierre de la), 7.
Landerneau, 160.
Landry (Jean), 89.
Lannion, 39, 157.
Lapenty (le P. André de), 72.
La Rochelle, 38.
La Rochelle (diocèse de), 127.
Lassay, 44, 130, 131, 134.
Lassay (District de), 131, 132.
Lassay (le P. Amadie de), 154.
Lassay (le P. Anaclet de), 154.
Lassay (le P. Célestin de), 156, 161.
Lassay (le P. Denis de), 156, 161.

Lassay (le P. Dorothée de), 73, 157.
Lassay (le P. Georges de), 157.
Lassay (le P. Hilaire de), 158.
Lassay (le P. Hilarion de), 158.
Lassay (le P. Jean-François de), 158, 162.
Lassay (le P. Urbain de), 160.
Lassay (le P. Uriel de), 160.
Laubrière (voyez Tripier de Laubrière).
Laumosnier (Charles), sieur de la Rangée, 7.
Launay (François), 131.
Launay (Jean), 78.
Launay (sieurs de), 7.
Laurençon (Jean), 30.
Laurençon (Robert), 21.
Laurent de Brindes (saint), 36, 110, 166.
Laurent de Fougères (le P.), 159.
Laval, 32, 39, 42, 64, 75, 88, 114, 128, 129, 130, 131, 154, 157, 159, 160.
Laval (noviciat de), 59.
Laval (le P. Alexis de), 74, 154.
Laval (le P. André de), 154.
Laval (le P. Ange de), 36, 73, 76, 154, 161.
Laval (le P. Ange-Marie de), 154.
Laval (le P. Antoine de), 154.
Laval (le P. Archange de), 73, 155.
Laval (le P. Barthélemy de), 155.
Laval (le P. Basile de), 73, 155.

Laval (le P. Basile de), 155.
Laval (le P. Bénigme de), 155.
Laval (le P. Bernard de), 155.
Laval (le P. Bernardin de), 155.
Laval (le P. Dominique de), 156, 161.
Laval (le P. Etienne de), 157.
Laval (le P. Fabien de), 157.
Laval (le P. Florent de), 157.
Laval (le P. François de), 157.
Laval (le P. Fulgence de), 73, 157.
Laval (le P. Gabriel de), 157.
Laval (le P. Henry de), 158.
Laval (le P. Hilarion de), 158, 162.
Laval (le P. Hyacinthe de), 158.
Laval (le P. Jacques de), 158.
Laval (le P. Jean-Baptiste de), 158.
Laval (le P. Jean-François de), 158.
Laval (le P. Jérôme de), 73, 84, 158.
Laval (le P. Joseph de), 158, 162.
Laval (le P. Joseph-Marie de), 158.
Laval (le P. Léon de), 53, 158.
Laval (le P. Louis de), 159.
Laval (le P. Marien de), 159.
Laval (le P. Nicolas de), 159.
Laval (le P. Onuphre de), 159.
Laval (le P. Pierre de), 159.
Laval (le P. Placide de), 159, 163.
Laval (le P. Romuald de), 74, 159.
Laval (le P. Sylvestre de), 160.
Laval (le P. Yves de), 160.
Lavardin (Voyez Beaumanoir).
Lazare (le P.), XI.
Lebourdais (Etienne), 78.
Lebourdais (René), sieur de Fresnay, 23, 29, 32, 69, 78.
Lebourdais (Robert), sieur de Fresnay, 6.
Lebourdais (Robert), sieur du Bourg, 7.
Lebourdais (Rose-Emilie), 135.
Leclair (Mathieu), notaire, 79.
Leclerc (Marie), 6.
Leclerc (Nicolas), notaire, 5.
Lecoq (M. F.), 127, 130, 134.
Lecornu de la Courbe (Nicolas), 12, 14, 15.
Lecreps (Joseph), 89.
Le Croisic, 39.
Lefaucheux (François), 5, 15.
Lefaucheux (Pierre), sieur des Eteppes, 24, 25.
Lefaulcheux (Francoys), 5.
Lefaulcheux (Pierre), 29.
Lefebvre (Vincent), 89.
Lefebvre de Cheverus, curé, 93, 108.
Lefebvre de Loyère (Marguerite), 21.
Lefebvre de Loyère (René), 21, 24.
Lefebvre de Loyère (Richard), 6, 17, 20.

Lefrère, sieur de Maisons (Jacques-François), 34.
Lefouin (François), 32.
Legendre (Pierre), sieur de la Fourmondière, 7.
Le Genissel (René), 89.
Le Goué (Jean), 29.
Legras (Jean), 91.
Legros (Charles), 46.
Legros (Jean), curé, 32, 91.
Le Héricé, prêtre, 128.
Le Héricé de la Cartellière (Jean-Baptiste), 128.
Lelièvre (René), prêtre, 89.
Lemaître 47.
Le Mareschal (Françoise), 17.
Le Mareschal (René), sieur de la Tête-Noire, 6.
Lemasson (Marguerite), 120.
Lemesnager (Julien-François), 134.
Lemétayer (Jeanne), 134.
Le Moulnier (Ambroise), 7.
Le Moulnier (Anne-Nicole), 83.
Le Moulnier (Lazare), 7.
Le Moulnier (Nicole), 82, 83.
Lemoy (Mme), 139.
Léon XIII, pape, 121.
Léon de Laval (le P.), 53, 106, 159.
Léon de Mayenne (le P.), 162.
Léonard (Monsieur Saint-), 4.
Léonard de Paris (le P.), 3, 7.
Léonisse (Saint Joseph de), 36, 118.
Leroux (Pierre), 89.
Le Roy, 9, 10.

Les Brociers (Jean et Etienne), 7.
Levant (missions du), 156.
Lévaré (Mme de), 69.
Levavasseur (Marguerite), 69.
Levayer (René), 64.
Levêque (Jean), 89.
Liban (le), 96.
Liger (l'abbé), 123.
Lion-d'Angers (le P. Adrien du), 42.
Loches, 39.
Loginière (damoiselle de), 24.
Loginière (enfants de), 24, 25.
Loginière (sieur de), 24.
Loislrard (Robert), 29.
Lomme (le P. Esprit de), 161.
Longpré (maison de), 79.
Longpré (sieur de), 78, 79, 80.
Lorand (Guy), 127.
Lorraine (cardinal de), 3.
Loudéac (le P. Alexandre de), 161.
Loudun, 38.
Louis de Baugé (le P.), 43, 44.
Louis de Champigny (le P.), 41, 44.
Louis de Guérande (le P.), 17, 72.
Louis de Hercé (place), 37.
Louis de Laval (le P.), 159.
Louis de Mayenne (le P.), 159.
Louis-François de Saint-Brieuc (le P.), 162.
Louis-le-Grand, 53.
Loyère (Voyez Lefebvre de Loyère).
Loyère (sieur de), 6, 17, 18.
Luc de Bapaume (le P.), 72.

Lucé (le P. Calixte de),161.
Lucien de Château-Gon-
tier (le P.), 159.
Luçon, 38, 40, 43, 65, 155.
Lude (le P. Jean-François
du), 74.
Luslerie (métairies de),62.
Luxembourg (Philippe de),
cardinal, 19.
Lyon (archevêque de), 51.

M

M... (le P. Gilles de), 41.
Macaire de Gien (le P.), 72.
Machecoul, 39, 157, 159,
160.
Maçon (James Le), sieur de
la Cadorière, 7.
Maçon (Marc Le), sieur de
la Poulardière, 6.
Madeleine (religieuses de
la), 85.
Madeleine (sainte), 36.
Madré (Jacques), sieur de
la Roche, 6, 15.
Madré (Vincent), curé, 5,
13, 15.
Maheutière (champ de la),
151.
Maheux (Anne-Françoise),
139.
Maïenne (duchesse de), 45.
Maïenne (Hôtel Dieu de),
62, 63.
Maine (couvents du), 38.
Maine (le), 3, 13, 14, 39, 54,
55.
Maine (sénéchal du), 7.
Mairie de Mayenne (place
de la), 37.
Maisons (sieur de), 34.
Malicorne, 35.
Malzy (Charles), 89.

Mamers (le P. Ange de),
32, 73.
Manceau (François), 89,
127, 129.
Mans (les capucins du), XI
55, 134.
Mans (cour du), 17.
Mans (couvent du), 48.
Mans diocèse du), 8, 10.
Mans (église de la Couture
du), 139.
Mans (évêque du), 19, 38,
48, 51, 55, 112, 113, 140,
164.
Mans (gardien du), 48, 62.
Mans (grand vicaire du),
8, 12.
Mans (Le), 10, 12, 14, 15,
39, 46, 49, 52. 54, 63, 64,
81, 121, 122, 128, 148, 149,
156, 157, 159.
Mans (le P. Alexis du), 73.
Mans (le P. Antoine du),
161.
Mans (le P. Augustin du),
161.
Mans (le P. Bruno du), 74.
Mans (le P. Cosme du), 73.
Mans (le P. Esprit du), 35,
107, 161.
Mans (le P. Eusèbe du), 74.
Mans (le P. François-Marie
du), 162.
Mans (le P. Jean-Marie du),
74.
Mans (le P. Modeste du),
163.
Mans (le P. vicaire du), 62.
Mans (Semaine des Fidèles
du), 48.
Mans (siége épiscopal du),
8.
Mansonnière (Gasté de la),
118, 126.
Mantoue (princesse de),45.
Marans, 38, 40, 43.

Marat-Rigaudière (St-Martin, dit), 130, 131.
Marboué (Jean Hébert de), 126.
Marida (rivière de), 2.
Marien de Laval (le P.), 159.
Marquemont (Ambassade de), 51.
Marre (sieur de la), 7.
Marseul (Jean), 89.
Martigné, 53.
Martigné (le P. Apollinaire de), 154.
Martin (Alexis), 12.
Martin (François), 17.
Martin (Jacques), sieur de la Roche, 6.
Martin (Monique - Françoise), 139, 140.
Martin (Renée), 30.
Masson (Jeanne), religieuse, 82.
Masure (sieur de la), 4, 6.
Mathieu, 2, 136.
Mathieu de Bas, 2.
Mathieu de Mayenne (le P.), 159.
Mathurin de Domfront (le P.), 159.
Matignon (le P. François-Joseph de), 155.
Mauhitière (la), 16, 17, 151.
Mauhitière (la Grande-), 16.
Mauvetière (Marguerite-Marie Garnier de la), 66.
Mayenne, 3, 5, 7, 10, 11, 12, 14, 15, 16, 17, 18, 20, 24, 26, 27, 28, 29, 32, 33, 38, 39, 44, 45, 48, 49, 51, 53, 54, 62, 63, 64, 66, 67, 69, 70, 71, 72, 76, 78, 79, 81, 82, 83, 84, 88, 91, 106, 107, 108, 113, 114, 115, 116, 117, 126, 128, 129, 130, 133, 134, 135, 136, 137, 138, 139, 140, 143, 154, 157.
Mayenne (Annales des Capucins de), (Voyez Annales).
Mayenne (arrondissement de), 139.
Mayenne (bourgeois de), 47.
Mayenne (Calvaire de), 134, 136, 137.
Mayenne (Capucins de), 20, 26, 38, 44, 45, 50, 53, 64, 76, 78, 80, 82, 84, 91, 138, 143, 146, 149, 166. V. Capucins de Mayenne.
Mayenne (château de), 32.
Mayenne (Collége de), 62, 63, 135.
Mayenne (Constitution civile du clergé dans la), 127, 130, 134.
Mayenne (couvent des capucins de), 1, 8, 28, 46, 47, 54, 63, 65, 69, 70, 72, 75, 76, 107, 108, 110, 117, 143, 146, 150, 161, 165, 166. V. Mayenne (capucins de).
Mayenne (curé de), 32, 108, 118.
Mayenne (Département de la), 138.
Mayenne (Dictionnaire hist. de la), 127.
Mayenne (District de), 127, 130, 134.
Mayenne (doyen de), 18, 115.
Mayenne (doyenné de), 14, 19.
Mayenne (duc de), 12, 33, 37.
Mayenne (duché de), 5, 15, 20, 80, 91.
Mayenne (duchesse de), 34.

— 189 —

Mayenne (échevins de), 64.
Mayenne (église de), 46, 53.
Mayenne (Election de).
Voyez Election.
Mayenne (évêque constitu-
tionnel de la), 136.
Mayenne (fabrique de l'é-
glise de), 15.
Mayenne (forêt de), 12, 45.
Mayenne (gardien des ca-
pucins de), 44, 46, 47,
49, 52, 56, 75, 76, 77, 133,
154, 155, 157, 165.
Mayenne (Grenier à sel de),
10, 66.
Mayenne (habitants de),
7, 10, 29, 30, 63.
Mayenne (Hôtel-Dieu de),
62, 63, 66.
Mayenne (Noms des PP.
capucins de), 72.
Mayenne (Notre-Dame de).
(Voyez Notre-Dame).
Mayenne (officiers muni-
cipaux de), 125.
Mayenne (paroisses de), 16,
116.
Mayenne (le P. Archange
de), 155.
Mayenne (le P. Augustin
de), 74.
Mayenne (le P. Barthéle-
my de), 155.
Mayenne (le P. Bernard de),
74, 155, 161.
Mayenne (le P. Bonice de),
155.
Mayenne (le P. Célestin
de), 135, 156.
Mayenne (le P. Cyrille de),
156.
Mayenne (le P. Damase
de), 156.
Mayenne (le P. Damien de),
156.

Mayenne (le P. Denis de),
48, 73, 156, 161.
Mayenne (le P. Dorothée
de), 157.
Mayenne (le P. Emilien
de), 157.
Mayenne (le P. Emmanuel
de), 157.
Mayenne (le P. Félicien
de), 157.
Mayenne (le P. Félix de),
157, 162.
Mayenne (le P. Florent
de), 73, 157.
Mayenne (le P. François
de), 157.
Mayenne (le P. Gabriel de),
157, 162.
Mayenne (le P. Gervais de),
158, 162.
Mayenne (le P. Gilles de),
158.
Mayenne (le P. Guy de),
158, 162.
Mayenne (le P. Jérôme de),
158.
Mayenne (le P. Joachim
de), 158.
Mayenne (le P. Julien de),
158.
Mayenne (le P. Léon de),
162.
Mayenne (le P. Louis de),
159.
Mayenne (le P. Mathieu
de), 159.
Mayenne (le P. Michel de),
159, 163.
Mayenne (le P. Modeste
de), 44, 72, 159.
Mayenne (le P. Pierre de),
159.
Mayenne (le P. Raphaël de),
159.
Mayenne (le P. Théodore
de), 160.

Mayenne (le P. Tiburce de), 53, 73, 74, 75, 160.
Mayenne (le P. Timothée de), 107, 160. 163.
Mayenne (le P. Valentin de), 160.
Mayenne (le P. Zacharie de), 160.
Mayenne (Religieux originaires de), 154, 166.
Mayenne (Saint Martin de). (Voy. Saint-Martin).
Mayenne (Seigneurs de), 7.
Mayenne (Sous-Préfet de), 139.
Mayenne (Souvenirs du Vieux-), 18.
Mayenne (Tiers-ordre de Saint-François, à), 84, 88, 165.
Mazarin (Armand-Charles, duc de), 33.
Mazarin (cardinal de), 37.
Mazarin (duc de), 33, 45, 53.
Mazarin (duchesse de), 34, 45.
Mazarin (Paul-Jules de), 33.
Mazure (Jean-Viel, sieur de la), 4, 6
Médicis (Catherine de), 3.
Meilleraie (Guy-Paul-Jules de la), 33.
Melleray (le pré), 151.
Ménard (Jeanne), 134.
Ménardière (chapellenie de la), 5, 18, 19.
Ménardière (friche de la), 18, 151.
Menzel, 140, 141.
Merci (religieux de la), 60.
Mesnage (Jacques), 89.
Métromanie (la), 20.
Meudon, 3.
Meule (champ de la), 16, 18.
Mézangers, 44.

Michel de Châteaubriant (le P.), 74.
Michel de Mayenne (le P.), 159, 163.
Michel de Nevers (le P.), 41.
Milan, 155.
Mimbré (Mathurin de), 6.
Mineurs (les frères), 75.
Ministère des Affaires étrangères (archives du), 51.
Mitonnière (sieur de la), 27, 29.
Modeste de Mayenne (le P.), 44, 72, 159.
Modeste du Mans (le P.), 163.
Moisson (Gilles), 17.
Moisson (Jeanne), religieuse, 82.
Molé (Mathieu), 42.
Molières (sieur des), 7.
Moncalieri (Jean de), 69.
Montagu (Jean), 89.
Montauban (le P. Georges de), 162.
Montaudin (le P. Charles de), 156.
Montécler (marquis de), 33.
Montegranaro (Saint-Séraphin de), 118.
Montenard de Tressan (Louis de la Vergne de), 51.
Montferrat (princesses de), 45.
Montfort (le P. Basile de), 74.
Morderet (Marin), 17.
Moreau (N...), 89.
Morenne (François), 89.
Morice (Charles), 89.
Morice (René), 13, 14.
Morlaix, 39, 127, 156, 157, 159.

Morlaix (le P. Joseph de), 48, 56.
Morlaix (le P. Paul de), 163.
Mortagne, 39.
Mortagne (les capucins de) 51.
Motte. (Voyez Lair de la Motte).
Motte (la), 62.
Mottin (Adrien), 89.
Moufle (Simon), 32.
Moulay, 70.
Moussay (Renée), religieuse, 82.
Moussé (le P. Bonaventure de), 73.

N

Nantes, 39, 40, 41, 42, 159.
Nantes (capucins de), XI.
Nantes (décret de), 43.
Nantes (gardien de), 48.
Nantes (le P. Angélique de), 73.
Nantes (le P. Calixte de), 72.
Nantes (le P. Joseph de), 73.
Nantes (le P. Rogatien de), 106, 163.
Nantes (le P. Valentin de), 13, 14.
Nantes (le P. Valentin ou Valérien de), 72.
Narbonne (sieur de), 20, 21, 22.
Navarre (Société de), 46.
Nepveu (François), notaire, 26.
Neuilly (commune de),130.
Neuvé (rue), 22.
Nevers, 38.

Nevers (le P. Michel de), 41.
Nevers (le P. Raphaël de), 41.
Nevers (le P. Yves de), 41, 43.
Nicolas de Laval (le P.)159.
Nîmes, 93.
Niort, 38.
Niort (le P. Charles de), 42, 43.
Nivernois (duchesses de), 45.
Nocher (Jean), 118.
Nocher (Jeanne), 118.
Nocher (Louise), 118.
Nocher (Marguerite), 118.
Nocher (Michel), 118.
Nocher dite de Maugers (Renée), 118.
Noël de Dinan (le P), 163.
Nogent-le-Rotrou, 39.
Nonant (le marquis de), 66, 68.
Normandie (province de), 39.
Noto (le P. général Jean-Marie de), 38.
Notre-Dame de Mayenne (curé de), 33, 38, 46, 48, 108, 140, 164.
Notre-Dame de Mayenne (église de), 4, 5, 18, 27, 44, 45, 46, 52, 91, 93, 118, 122, 123, 126, 134.
Notre-Dame de Mayenne (paroisse de), 111, 135.
Nourry (Michel), sieur des Noyers, 6.
Noyers (sieur des), 6.

O

Observance (les frères de l'), 54.

Oger (François), 126.
Oger (Jacques), 89.
Olivier de Château- Gontier (le P.), 159.
Ombrie (l'), 110.
Onuphre de la Croixille (le P.), 159.
Onuphre de Laval (le P.), 159.
Orléans, 39, 42, 43.
Orléans (chapitre d'), 44.
Orléans (couvent d'), 38.
Orléans (le P. Claude d'),
Orléans (le P. François d') 44.
Orléans (le P. Fulgence d'), 72.
Orléans (le P. Rogatien d'), 72.
Ormeaux (rue des), 20, 22, 23, 78, 138, 139.
Orthe (fief d'), 17.
Orthe (sieur d'), 5, 31.
Otrante (terre d'), 121.

P

Palais (place inférieure du) 37.
Pannetier (Guy le), 29.
Panthou (Marie), 128.
Pâques, 18, 49, 50, 52.
Parigné (Sainte-Marie de), 15.
Paris, 3, 11, 33, 36, 51, 53, 119, 128, 155, 160.
Paris (capucins de), XI.
Paris (Châtelet de), 33.
Paris (faculté de), 46.
Paris (le P. Léonard de), 3.
Paris (police de), 28.
Paris (la province capucine de), 38.
Parthenay, 38.

Pas (paroisse du), 135.
Pascal d'Abbeville (le P.), 40.
Passais (archidiacre du), 8, 48.
Passais (le P. Dominique de), 156.
Passion (les filles de la), 77.
Patience (le couvent de), 130, 134.
Paul III, pape, 3.
Paul de Morlaix (le P.), 163.
Pavé-Morin (le), 32, 78.
Pavé-Morin (rue du), 19, 23.
Péan, notaire, 33.
Peccatte (sœur), 83.
Péchard (Marie), 16.
Pélisson-Fontanier, 94.
Perche (le), 39.
Perrier (François), 5, 15.
Perronnet (Julien), 6.
Perroux (sieur de), 6.
Pescheries (rue des), 19.
Petit (Jeanne), 75.
Petit (Pierre), 5.
Petit-Bois (sieur du), 6.
Philippe de France, 53.
Pichereau (Jeanne), 79.
Pidault d'Herbonnes (Pierre), 25, 26.
Pieds de Jésus (Jean Landry, frère des), 89.
Pierre de Laval (le P.), 159.
Pierre de Mayenne (le P.), 159.
Pierre de Poitiers (le P.), 44.
Piette (Charles), sieur de la Varye, 5.
Piolin (dom P.), 134.
Piquet (Michel), 134.
Piron (A.), 20.
Piron (Renée-Perrine), 83.

Pitard (René), sieur d'Or-
the, 5, 12, 13, 17, 31.
Placeau (François), sieur
du Petit-Bois, 6.
Placide de Laval (le P.),
159, 163.
Plagué (René), notaire, 17,
22.
Plessis (château du), 66.
Plessis-Châtillon (Jacques
du), 66, 67, 68, 69.
Poirier(champ du), 17,151.
Poitiers, 38, 42.
Poitiers (le P. Hilaire de),
41, 43.
Poitiers (le P. Pierre de),
44.
Poitou (couvents du), 38,
39.
Polycarpe de Septforges
(le P.), 159.
Pommeraie(sieur de la), 6.
Pont-Gasté (sieur du), 6.
Portail (sieur du), 6.
Portail Sainte-Anne (le),
18.
Portais (Julien), 89.
Porte des Capucins (la),18.
Porto, 156.
Port-Saint-Maurice (le P.
Bernard du), 46.
Portugal (reine du), 33.
Postel (Victor), 130, 133.
Potier (Pierre-François),
127, 128, 129.
Pottier (Ananias), sieur du
Chemin, 7.
Poulardière (sieur de la),6.
Poulay, 13, 14.
Poupard (François), 126.
Pouyvet (Michel), 29.
Pré (René), sieur de Long-
pré, 78.
Pressoir (ruelle du), 19.
Provence-Infanterie (régi-
ment de), 66.

Q

Quesne (Michel), 89.
Quimper, 154, 157.
Quimper-Corentin, 39.
Quintin, 127.
Quintin (le P. Jean-Chry-
sostôme de), 73.

R

Rabeau (A.), 28.
Rabier (Jacques), 89.
Ragueneau (Jean), 127.
Raison (l'abbé), 139.
Rambouillet, 125, 130, 134,
166.
Rangée (le sieur de la), 7.
Raphaël de Mayenne (le
P.), 159.
Raphaël de Nevers (le P.),
41.
Rassicot (René), 89.
Ravenez, 65.
Récollets (les), 54.
Redon (le P. Joseph-Ma-
rie de), 55.
Redon (le P. Thomas de),
62.
Reims (le P. Sylvestre de),
41.
Reinaut, notaire, 33.
Reinière. (Voyez Cousin de
la Reinière).
Renard, peintre, 35.
Renault (Marie), 118.
Rennes, 39, 75, 127.
Rennes (couvent de), 59,
75, 127.
Rennes (le P. Ambroise de),
42.
Rennes (le P. Antoine de),
52.

Rennes (le P. Agathange de), 161.
Rennes (le P. Archange de), 48.
Rennes (le P. Augustin de), 43, 47, 74, 83.
Rennes (le P. Bruno de), 75.
Rennes (le P. Célestin de), 74.
Rennes (le P. Charles-Joseph de), 73.
Rennes (le P. Dorothée de) 73.
Rennes (le P. Eléazar de), 161.
Rennes (le P. Elzéar de), 74.
Rennes (le P. Fabien de), 44, 74.
Rennes (le P. François de) 162.
Rennes (le P. Grégoire de), 106.
Rennes (le P. Guy de), 73.
Rethellois (duchesses de), 45.
Retoux (Jean), 132.
Ribot (Marie-Anne), 135.
Richelieu, 65.
Rigaudière (Marat-), 130.
Rigault (Ambroise), 27, 29.
Rivière (Jean), sieur des Molières, 7.
Rivière (René), 29.
Robert de Domfront (le P.) 159.
Roblinière (sieur de la), 7.
Roch de Fougères (le P.), 159.
Roche (sieur de la), 6.
Rochers (Voyez Coulon des Rochers).
Rogardière (sieur de la), 7.
Rogatien de Nantes (le P.), 106, 163.

Rogatien d'Orléans (le P.), 72.
Romaigné (René de), 7.
Romain de Saint-Brieuc (le P.), 43.
Rome, 19, 42, 43, 51, 110.
Romorantin, 38.
Romuald de Chatéaulin (le P.), 163.
Romuald de Laval (le P.), 74, 159.
Roscoff, 39, 157.
Rouërie (sieur de la), 6.
Roullas (Gervais), 4, 12.
Rousseau (Françoise), 123.
Rousseau (Jeanne), 126.
Rousselaie (sieur de la), 6.
Rousselière (sieur de la), 7.
Roussin (Michel), prêtre, 89.
Rouzière (Jean), 89.
Rouzière (Renée), 79.
Rouzière (sieur de la), 7.

S

Sabine (la), 110.
Sables (les), 39, 40, 43, 154.
Saichet ou Saiget (Charles) 17.
Saiget (Gabrielle), 66.
Saint-Aignan, 38.
Saint-Augustin, 96.
Saint-Augustin (Jean Rouzière, dit frère), 89.
Saint-Barthélemy, 121.
Saint-Baudelle, 5, 15.
Saint-Benoit (Michel Grosse, dit frère), 88.
Saint-Bernard, 95.
Saint-Bernard de Corléon, 36.
Saint-Bonaventure, 50.

Saint-Bonaventure (Julien Barbé, dit frère), 88.
Saint-Brieuc, 39, 40, 111, 127, 154, 157.
Saint-Brieuc (couvent de), 126.
Saint-Brieuc (diocèse de), 127,
Saint-Brieuc (le P. Alexandre de), 161.
Saint-Brieuc (le P. Ange de), 75.
Saint-Brieuc (le P. Elisée de), 48.
Saint-Brieuc (le P. Louis-François de) 162.
Saint-Brieuc (le P. Romain de), 43.
Saint-Denis (le P. Denis de), 73.
Saint-Domingue, 128.
Saint-Esprit de Mayenne (Hôtel-Dieu du), 66.
Saint-Félix de Cantalice, 110, 111, 112, 114, 115.
Saint-Fidèle (Louis Château, dit frère), 88.
Saint-Fraimbault-de-Prières (le curé de), 123.
Saint-François, 14, 33, 87, 111.
Saint-François (chapelle de), 82, 84, 87.
Saint-François, 47, 76, 121.
Saint-François (la), 45.
Saint-François (Pierre Beucher, dit frère), 88.
Saint-François (la règle de), 75, 77.
Saint-François (le Tiers-Ordre de), 72, 77, 87, 88.
Saint-François de Paule, 121.
Saint-François de Sales (Jacques Oger, dit frère), 89.

Saint-Front, 44.
Saint-Georges-Buttavent, 89, 134.
Saint-Grégoire-le-Grand, 121.
Saint Honoré (couvent de), 119
Saint-Jacques en Galicie, 128.
Saint-Jean (sieur de), 5.
Saint-Jean d'Angely, 39.
Saint-Joseph (fête de), 140.
Saint-Joseph (François Tasse, dit frère), 89.
Saint-Ignace-(Michel Boyer, dit frère), 88.
Saint-Laurent de Brindes, 110, 121, 166.
Saint-Léonard (chapelle de), 4.
Saint-Léonard (chemin de), 19, 23.
Saint-Louis (Pierre Leroux, dit frère), 89.
Saint-Louis, roi de France, 33.
Saint-Lucius (Louis Barbot, dit frère), 88.
Saint-Maixent, 38, 65.
Saint-Malo, 39, 56, 62, 86, 156, 157, 159.
Saint-Malo (le P. Augustin de), 93.
Saint-Malo (le P. Etienne de), 73.
Saint-Malo (le P. François de), 74.
Saint-Malo (le P. François-Joseph de), 74.
Saint-Malo (le P. Jérôme de), 162.
Saint-Malo (le P. Joséphat de), 73.
Saint-Mars (le P. Accurse de), 73.
Saint-Martin (Mathieu

Fourmondière, dit frère), 88.

Saint-Martin de Mayenne, 5, 27, 115, 116, 122, 123, 134.

Saint-Martin de Mayenne (clergé de), 123.

Saint-Martin de Mayenne (curé de), 113, 115.

Saint-Martin de Mayenne (dais de), 112.

Saint-Martin de Mayenne (ecclésiastiques de), 118.

Saint-Martin de Mayenne (faubourg), 108.

Saint-Martin de Moulay, 15.

Saint-Martin de Vitré (paroisse de), 127.

Saint - Martin dit Marat-Rigaudière, 130, 131, 132, 133.

Saint-Michel (Pierre Grosse, dit frère), 88.

Saint-Michel (la chambre), 147.

Saint - Paul (frère Blaise de), 32.

Saint-Paul (Denis Coupris, dit frère), 88.

Saint - Pierre (chambres de), 58, 147, 148.

Saint-Pierre (Adrien Mottin, dit frère), 89.

Saint - Pierre d'Alcantara (Pierre Collet, dit frère), 88.

Sainte-Anne (le portail), 18, 23.

Sainte-Anne (rue), 19.

Sainte-Claire (religieuses de), 54.

Sainte-Elisabeth, reine, 33.

Sainte-Gemmes-le-Robert, 89.

Sainte - Marie-de-Parigné, 15.

Saintes (évêque de), 12, 14, 15.

Sarthe (la), 128.

Saumur, 38, 67.

Savigny, 30, 75.

Savigny (sénéchal de), 5.

Sébastien de Château-Gontier (le P.), 159.

Seigneurs de Mayenne (histoire des), 7.

Sénéchal du Maine (le), 7.

Séneschal (Brice), sieur de la Bordelaie, 6.

Séneschal (Daniel), 5.

Sept-Forges (le P. Polycarpe de), 159.

Séraphin de Château-Gontier (le P.), 160.

Séraphin de Montegranaro (saint), 118.

Séverin de Fougerolles (le P.), 160.

Sevin ou Severin (le P. Jean-François), 41, 42, 43.

Sigmaringen (saint Fidèle de), 118.

Sillé (le P. Julien de), 162.

Siméon de Fougères (le P.), 160.

Siméon de Fougerolles (le P.), 160.

Sisteron, 92.

Société de Navarre (la), 46.

Société des Amis de la Constitution (la), 135.

Sorbonne (la), 94.

Spolète (duché de), 2.

Suriray du Haut-Champ (René), 126.

Sylvestre de Laval (le P.), 160.

Sylvestre de Reims (le P.), 41.

T

Tanquerel (Françoise), 83.
Tanquerel (François-Robert), 118.
Tanquerel (Jean-René), 34, 83.
Tanquerel (René), 80.
Tanquerel de Vaucé (Jean-Marie), 140.
Tasse (François), 89.
Terrard, Teras, vicaire, 33, 76.
Tessé (comte de), 55.
Tête-Noire (dame de la), 17.
Tête-Noire (sieur de la), 6.
Theil (le P. Anselme du), 74, 161.
Théodore d'Ernée (le P.), 160.
Théodore de Mayenne (le P.), 160.
Théophile d'Ernée (le P.), 160.
Thomas de Redon (le P.), 62.
Thouars, 39.
Thoumin (Louis), 17.
Thoumin (dame), 44.
Thoumin de la Varie, 46.
Thoumin, sieur de Perroux (François), 6.
Thubœuf (canton de), 130.
Tiburce de Mayenne (le P.), 45, 46, 53, 73, 74, 160.
Tiburce de Mayenne (le P.), 74, 75, 160.
Tiers-Ordre de Mayenne (le), 84, 85, 88.
Tiers-Ordre de Saint-François (le), 87, 88, 165.
Tiers-Ordre Franciscain (le), 84.

Timothée de Mayenne (le P.), 50, 107, 160, 163.
Tinténiac (le P. Antoine de), 161.
Torbechet (de), juge, 69.
Torbechet (sieur de), 21, 32, 33, 80.
Torbechet (Viel de), 20.
Toulon (le P. Maurice de), 65.
Touraine (les capucins de), 41, 42, 43.
Touraine (le chapitre de), 39.
Touraine (la custodie de), 3, 38.
Touraine (la), 38, 39, 40, 42.
Touraine (province capucine de), 38, 164.
Touraine (provincial de), 41.
Touraine (vocaux de), 40.
Tours, 38, 39, 40.
Tours (les capucins de), 3.
Tours (intendant de), 83.
Tours (le P. Esprit de), 42.
Tréguier (le P. Emmanuel de), 161.
Trente (concile de), 3, 75.
Tressan. (Voyez Montenard).
Tribondeau (François), 14, 15.
Triguel (François), 29.
Trihan (René), 20, 25.
Tripier (Roberde), 66, 67.
Tripier (Robert), 66.
Tripier (Robert-François), 66.
Tripier de la Fresnaye (Françoise-Roberde), 66.
Tripier de la Fresnaye (Robert), 66.
Tripier de la Grange (François), 118, 126.

Tripier de la Grange (Julien), 66, 118.
Tripier de la Grange (Louise-Marie-Julienne), 83.
Tripier de la Grange de Berron (Simon), 126.
Tripier de Laubrière (Julien), 66.
Tripier, sieur de la Grange (François), 118.
Tripier, sieur de la Grange (Julien), 66, 67, 68, 69.
Trois - Cornières (champ des), 151.
Tronchet (Mathurin), 7.
Trotterie (fief de la), 78.
Trotterie (seigneurie de la), 23.

U

Umbres (pays des), 2.
Urbain VIII, pape, 110.
Urbain de Janzé (le P.), 68, 69, 74.
Urbain de Lassay (le P.), 160.
Uriel de Lassay (le P.), 160.
Ursulines du Mans (les), 128.

V

Valentin de Mayenne (le P.), 160.
Valentin ou Valérien de Nantes (le P.), 13, 14, 72.
Valérien de Fougères (le P.), 160, 163.
Valleray (Jean), 7.
Vannes, 39, 154, 160.
Vannes (le P. Bernardin de), 73.

Vannes (le P. Clément de), 161.
Varie (Thoumin de la), 46.
Varye (sieur de la), 5.
Vaucé (Jean - Marie Tanquerel de), 140.
Vendéens (les), 137.
Vendôme, 38.
Vergne de Montenard de Tressan (Louis de la), 51.
Verraquin (Robert), 91.
Viau (René), sieur de la Fontaine, 7.
Viel (damoiselle), 8.
Viel (héritiers), 22.
Viel (Jean), sieur de la Mazure, 4, 6.
Viel (Jean), sieur de Torbechet, 21, 32, 33, 80.
Viel (Marie), 21.
Viel de Torbechet (Jean), 33. Voyez ci-dessus.
Viel de Torbechet (Renée), 20.
Vieil-Etang de la Grange (pré du), 140.
Vierge (Chapelle de la), 35, 108.
Vierzon, 38.
Villaines (le P. Julien de), 63, 162.
Villar, évêque, 136.
Villefoulon (sieur de), 6.
Villeron (Athanase-Charles-Denis de), 139.
Villette (Guillaume), 134.
Visitandines d'Alençon (les), 139.
Visitation de Mayenne (aumônier de la), 139.
Visitation de Mayenne (Chapelle de la), 20.
Visitation de Mayenne (la), XI, 4, 18, 140.
Visitation de Mayenne (religieuses de la), 125, 166.

Visitation (rue de la), 20, 78, 138.
Visitation d'Alençon (la), 139.
Vitré, 53.
Vitré (le P. François-Marie de), 127.
Vitré (le P. Joseph de), 40.
Vitré (saint Martin de),127.
Volclair (Damien), 134.
Volclair (François), 134.
Volclair (Geoffroy), 134.
Volclair (Jean), 134.
Volclair (Jean - Baptiste), 134.
Volclair (Louis), 134.

Volclair (Marie), 134.
Volclair (Marie-Anne), 134.
Volclair (Renée), 134.

Y Z

Yvard (Françoys), curé, 5.
Yves d'Ernée (le P.), 160.
Yves de Laval (le P.), 160.
Yves de Mamers (le P.), 41.
Yves de Nevers (le P.), 43.
Zacharie de Mayenne (le P.), 160.

CORRECTIONS DE LA TABLE

PAGES	COLONNES	
172	2	Supprimer « Bouly III ».
173	2	Supprimer « les Calvairiennes de Mayenne, III ».
173	2	Ajouter après « le Couvent des Capucins de Mayenne », les chiffres « 23, 31 ».
173	2	Après « les pères Capucins de Mayenne », supprimer les chiffres « VII, IX » et ajouter à la fin de la série des pages : V. Mayenne (capucins de).
173	2	Après « porte des Capucins de Mayenne », lire « 18 » au lieu de « 1 ».